北京市教育委员会社科项目资助

奥林匹克运动与公民教育

OLYMPIC MOVEMENT AND CITIZEN EDUCATION

班秀萍 郑树文·著

时事出版社
北京

图书在版编目（CIP）数据

奥林匹克运动与公民教育/班秀萍，郑树文著. —北京：时事出版社，2019.9
ISBN 978-7-5195-0304-8

Ⅰ.①奥… Ⅱ.①班… ②郑… Ⅲ.①奥林匹克运动—公民教育—中国 Ⅳ.①G811.111②D648.3

中国版本图书馆 CIP 数据核字（2019）第 184260 号

出 版 发 行：时事出版社
地　　　址：北京市海淀区万寿寺甲 2 号
邮　　　编：100081
发 行 热 线：（010）88547590　88547591
读者服务部：（010）88547595
传　　　真：（010）88547592
电 子 邮 箱：shishichubanshe@sina.com
网　　　址：www.shishishe.com
印　　　刷：北京旺都印务有限公司

开本：787×1092　1/16　印张：10.5　字数：120 千字
2019 年 9 月第 1 版　2019 年 9 月第 1 次印刷
定价：78.00 元

（如有印装质量问题，请与本社发行部联系调换）

北京市教育委员会 2017 年度社科计划一般项目资助

"奥运与中国公民教育"

（SM201710029002）

序

现代奥林匹克运动已走过百年，中国与奥林匹克的渊源也已过百年。从1907年著名教育家张伯苓在天津青年会第5届学校运动会开幕式上发表以奥林匹克为主题的演说，提出中国参加奥运会的问题，到1908年《天津青年》"奥运三问"提出中国何时才能举办一届奥运会的问题，再到北京成功举办奥运会和残奥会，中国人民对奥林匹克的追求矢志不渝。2008年，北京以对奥林匹克运动的热情和对国际残疾人体育事业的热爱，举办了一届无与伦比的奥运会和残奥会，距今已十年有余，实践证明其对中国的社会发展乃至世界的发展都产生了积极影响。为迎接2022年北京冬奥会和冬残奥会，我们应适时把奥林匹克教育引向公民教育，提高公民素质和公民健康水平，促进政治、经济、文化、社会、生态可持续发展。为此，我们重温奥林匹克的宗旨和精神，总结北京奥运会和残奥会的精神遗产，探索2022年北京冬奥会和冬残奥会公民教育实践。

2022年冬奥会和冬残奥会具有重要历史意义。中国人民高度认同奥林匹克理念和价值观，渴望再次拥抱奥运。北京与张家口携手举办2022年冬奥会和冬残奥会，至少激励3亿人参与冰雪运动，促进冰雪运动在中国的普及与发展，为奥林匹克运动做出新贡献。北京举办2022年冬奥会和冬残奥会，继续进行奥林匹克教育，并把奥林匹克教育推进到公民教育层次，有助于提高公民素质，养成健康的生活方式，促进身心和谐，塑造健全人格。特别是举办2022年冬残奥会，有助于提升残疾人的社会地位，改善无障碍环境，促进残健融合发展，推动中国的残疾人事业和世界残奥运动的发展。举办2022年冬奥会和冬残奥会可以提高人民运动健康水平，增加就业机会，改善人居环境，提升人民生活质量，促进北京—张家口乃至中国和世界的可持续发展。正如习近平主席在北京申办2022年冬奥会和冬残奥会时所言："2022年冬奥会如果来到北京，不仅将激发中国13亿人民对奥林匹克冬季项目的热情，也将推动历史悠久的中华文明同世界各国文明交流互鉴。中国人民愿意通过举办冬奥会，为人类文明进步作出新的贡献。"[1]

作为首都体育学院的教师，我们见证了自己的祖国通

---

[1] 北京2022年冬季奥林匹克运动会申办委员会：《北京2022年冬季奥林匹克运动会申办报告》，北京体育大学出版社2015年版，第3页。

过举办 2008 年夏季奥运会和残奥会、筹办 2022 年冬奥会和冬残奥会加速发展，也想为国家发展、民族复兴、人民幸福做些力所能及的工作，故对奥林匹克运动与公民教育的双向推动进行了专题研究，期望对传承奥林匹克理想和精神，提高公民意识和公民素质、提升公民境界，促进世界文明发展有所助益。

班秀萍　郑树文

2019 年 6 月

目　　录

第一章　奥林匹克基本理念 …………………………………… (1)
　　一、奥林匹克主义 …………………………………………… (1)
　　二、奥林匹克运动的宗旨 …………………………………… (4)
　　三、奥林匹克精神 …………………………………………… (6)
　　四、奥林匹克运动 …………………………………………… (8)
　　五、奥林匹克价值的传承 ………………………………… (10)

第二章　北京奥运会和残奥会的精神遗产 ………………… (17)
　　一、理念遗产 ……………………………………………… (17)
　　二、教育遗产 ……………………………………………… (20)
　　三、文化遗产 ……………………………………………… (24)
　　四、志愿服务精神遗产 …………………………………… (27)
　　五、体育遗产 ……………………………………………… (29)
　　六、无障碍遗产 …………………………………………… (32)

第三章　奥林匹克教育与公民教育 ………………………… (40)
　　一、奥林匹克教育强化公民身份认同感 ………………… (40)

二、奥林匹克教育推动"和谐世界"建设……………………（43）
三、北京奥运会和中华体育精神对现代奥林匹克的影响……（56）

第四章　2022年冬奥会与冬残奥会的公民教育…………（75）
一、秉承奥林匹克教育的价值理念……………………………（76）
二、研究和继承2008年北京奥运会和残奥会的
　　公民教育遗产…………………………………………（81）
三、2022年冬奥会和冬残奥会公民教育对策………………（98）

后　记……………………………………………………（156）

第一章　奥林匹克基本理念

一、奥林匹克主义

从古至今，奥林匹克运动始终贯穿着追求身心和谐发展的宗旨。古希腊人身心和谐发展的理念促进了奥林匹克运动的发展，他们崇尚"健全的精神寓于健康的身体之中"，通过体育来塑造健美的形体和完美的人格，即达到身心发展的和谐。这种身心和谐发展的理念反映了古希腊人对美好生活的向往，对理想人格的追求，不仅为人类文明的发展进步做出了贡献，而且激发了人们参与体育运动的热情，促进了古代奥林匹克运动的发展。而古希腊人对美的执著追求，也使古代奥林匹克运动得以升华。总之，古希腊人对诸神的信仰、对和平的渴望、对健与美的追求等，使古代奥林匹克运动融竞技与文化、野蛮与文明于一身，达到了人类社会理想的境界。正如奥林匹克运动之父顾拜旦所说："古奥运会最光辉之处在于它的两条原则：美和尊严。"而现代奥运会继承了这两条原则，并以艺术取代宗教，以审美创造崇高，培育身心全面发展的人格完善的人。

在顾拜旦看来，复兴奥林匹克运动的真正目的在于通过体育来进行教育。古希腊奥运会起源于宗教祭祀，它以人体美、自然美以及高超的技艺和竞技精神对神做出奉献，这必然以教育和训练为前提。它要求运动员不仅具有强健的身体，而且具有高尚的品德，获胜的运动员受到人们至高无上的崇拜，这对古希腊社会是崇尚英雄、崇尚美德的教育。顾拜旦提出："奥林匹克运动会不应该只限于运动和体能活动，还应从思想和情操上培养青年"。他提倡："人人享有普遍的体育教育，培养其勇敢及大度的性格，展示美学和文学的才能，使之成为民族发展和家庭幸福繁荣的动力。"由此可见，教育是顾拜旦体育思想的核心，也是奥林匹克运动的生命线。

《奥林匹克宪章》明确将奥林匹克主义定义为："奥林匹克主义是将身、心和精神方面的各种品质均衡地结合起来并使之得到提高的一种人生哲学。它将体育运动与文化和教育融为一体。奥林匹克主义所要建立的生活方式是以奋斗中所体验到的乐趣、优秀榜样的教育价值和对一般伦理的基本原则的推崇为基础的。"① 这其中蕴涵着两方面内容：一是建立一种人生哲学，它要求把体质、意志和精神全面均衡发展；二是要建立一种使体育运动同文化、教育相结合的生活方式，这种生活方式要以奋斗中体验到的乐趣、优秀榜样的教育作用以及对基本伦理原则、社会公德的尊重作为基础。因此，奥林匹克运动不仅仅是体育运动，更不局限于竞技体育，它为改造社会来培养全面发展的人，把培养人与推动社会发展结合起来。正如萨马兰奇先生所说："离开了教育，奥林匹克主义就不可能达到其崇高的目标。""奥林匹克主义是超越竞技运动的，特别是在最广泛、最完全的意义上来讲，它是不能与教育分离的。它将身体活动、艺术和精神融为一体而趋向于一个完整的人。"所谓"完整的人"就是品德、心智、体魄，即德智体美全面发展的人，身心和谐发展的人。正是在奥林匹克教育的影响下，一代代青少年通过参加体育运动走上了身心和谐发展的道路。因此，归根结底，奥林匹克主义是一种超越体育的人生哲学。奥林匹克是以身体运动为基本手段，通过各种社会作用，促进人的本质力量的发展，最终实现人的自我超越和对社会的改造。

---

① 皮埃尔·德·顾拜旦著，《奥林匹克宣言》传播委员会编译：《奥林匹克宣言》，人民出版社2008年版，第117页。

二、奥林匹克运动的宗旨

"奥林匹克运动的宗旨是，通过开展没有任何形式的歧视并按照奥林匹克精神——相互理解、友谊、团结和公平竞争精神的体育活动来教育青年，从而为建立一个和平的更美好的世界作出贡献。"《奥林匹克宪章》一个鲜明的特点就是反对一切形式的歧视，其基本原则之一是："参加体育运动是人的权利，每一个人都应享有参加体育运动的可能性，而不受任何形式的歧视"。[①] 歧视造成的恶果就是不尊重人的价值，藐视人的尊严，因此，奥林匹克运动将消除歧视，以"促进一个维护人的尊严的和平社会的发展"作为奥林匹克运动的宗旨。一百多年来，奥林匹克运动在消除歧视的道路上艰难行进着。顾拜旦在1896年创办现代奥运会时曾说："只要使不同种族分裂的偏见存在，人们就不会有和平。要消灭这种偏见还有什么比让全世界的青年定期在一起进行身体力量和灵敏的比赛更好的方式吗？"国际奥委会第四任主席埃德斯特隆也说过："奥运会无法强迫人们接受和平，但是它为全世界的

[①] 任海："奥林匹克运动与社会歧视"，载《体育文化导刊》2006年第1期，第38页。

青年人像亲兄弟一样欢聚一堂提供了机会"。在1936年柏林奥运会上，23岁的美国黑人青年杰西·欧文斯夺得4枚金牌，帮助他在跳远比赛中夺冠的是同场竞技的德国青年卢茨·朗。欧文斯后来深有感触地说："在体育运动中，人们学到的不仅仅是比赛，还有尊重他人、生活伦理、如何度过自己的一生以及如何对待自己的同类。"正是奥林匹克运动独特的教育方式，使得它在消除种族歧视、性别歧视方面取得了丰硕成果。国际奥委会前主席罗格认为："奥林匹克的价值在于尊重：尊重规则、尊重自己、尊重他人。人们只要有了这三种简单价值，就无所滞碍了。"罗格先生还特别强调："如果青年们能够在运动场上学会互相尊重，他们就会把这种观点转移到自己日常生活的其他方面，从而突破人们之间的不信任。"体育运动能够改变人与人、人与社会、人与自然的关系，奥运会更不仅仅是体育的盛会，也是全人类的庆典。奥运会为全世界的体育精英们提供了一个舞台，来展示他们的身心和谐、公平竞争、尊重他人以及在追求卓越过程中所体会到的乐趣。奥运会为世界人民展示了一个理想的社会。奥林匹克主义的宗旨是使体育运动为人的和谐发展服务，参与和取胜都是手段。正如顾拜旦所言："奥运会最重要的不是胜利，而是参与；正如在生活中最重要的事情不是成功，而是奋斗；但最本质的事情并不是征服，而是奋力拼搏。"奥林匹克运动的先驱者们深信，这一伟大的国际社会运动能够促进人的和谐发展,能够促使国家与国家、民族与民族、人与人的沟通与协作,进而为建立一个和平而美好的世界服务。这其中蕴涵着奥林匹克的理想以及对真、善、美的追求,这正是奥林匹克价值观"卓越、友谊、尊重"的体现。

三、奥林匹克精神

《奥林匹克宪章》将奥林匹克精神表述为"互相理解、友谊、团结和公平竞争"的精神。同时,从广义上讲,顽强拼搏、以奋斗为乐的精神,重在参与、不畏失败的精神,也是奥林匹克精神的重要内容。在顾拜旦看来,复兴奥林匹克运动的真正目的在于通过体育来进行教育,参与与取胜都是手段,教育的首要目标是公平、公正。奥运会对运动员、裁判员都有明确要求,通过宣誓仪式表现出来。从1920年第七届奥运会开始,由运动员代表宣誓,誓词如下:"我代表全体运动员宣誓,为了体育的光荣和本队的荣誉,我们将以真正的体育道德精神参加本届奥林匹克运动会,尊重和遵守奥林匹克各项规则"。奥运会参赛运动员必须签署《奥林匹克宪章》和比赛规则的书面声明,例如:尊重裁判,公正比赛,非暴力原则,不使用禁药,奥运会期间不得把本人及其名字、图像或运动成绩用于广告目的等等。由于裁判员是运动场上的"法官",具有绝对权威。为了使裁判员时刻铭记奥林匹克公正竞赛原则,杜绝各种误判、漏判,从1968年第十九届奥运会开始,增加了裁判员宣誓仪式,由主办国的裁判代表宣读誓词如下:"我以裁判员和官员的名义,保证以真正的体育道德精神,完全公正的态度,执行本届奥林匹克运动会的职务,尊重并遵守指导运动会的各项规则。"这两项仪式延续至今。如果说这是从外在仪式上对奥运会参与者的道德约束,那么奥林匹克主义、奥林匹克宗旨、奥林匹克精神、奥林匹克运动等则是对奥运会参与者的内在道德要求。

奥林匹克精神强调相互理解、友谊、团结和公平竞争,引导人们摆脱各自的文化偏见,消除以种族、宗教、政治、性别等产生的任何形式的歧视,以世界公民的博大胸怀,宽容、尊重、欣赏不同的文化,文明互鉴。所以,奥运会既是体育的盛会,也是文化的盛会。奥林匹克运动寄托着人类的和平理想,也是公平竞争的典范。奥林匹克精神是属于全人类的,所有参与奥林匹克运动的国家和民众,都能够得到奥林匹克精神的熏陶和滋养。奥林匹克的参与、公正、和平精神揭示着一种平等而友善的关系,奥林匹克的竞争与奋斗精神,生发出生生不息的人类发展的内在动力。奥林匹克精神向人类传递着和平的信息,虽然奥运会往往被看作国家、民族间的竞争,但却以全世界的狂欢而告终。奥林匹克精神,是奥林匹克主义的灵魂,它是贯穿于体育运动的基本精神,是体育的魅力所在,也是我们人生意义的源泉之一。

四、奥林匹克运动

"奥林匹克运动,是在奥林匹克主义指导下,以体育运动和四年一度的奥林匹克庆典为主要活动内容,促进人的生理、心理和社会道德全面发展,沟通各国人民之间的相互了解,在全世界普及奥林匹克主义,维护世界和平的国际社会运动。奥林匹克运动包括以奥林匹克主义为核心的思想体系,以国际奥委会、国际单项体育联合会和各国奥委会为骨干的组织结构体系和以奥运会为周期性高潮的活动内容体系。"[1] 奥林匹克运动将体育竞技与文化教育融为一体,奥林匹克精神是奥林匹克运动的精髓。奥林匹克精神强调友谊、团结、相互理解,其目的就是促进世界各国人民之间的交流,建立和谐的文化氛围,正是在这种氛围中,人们才有可能摆脱各自文化带来的种种偏见。奥林匹克运动是公平的体育竞技,在运动以及比赛中,运动员的身体、心理、社会适应能力得到良好的锻炼,遵守运

---

[1] 任海:《奥林匹克运动》,人民体育出版社2005年版,第1页。

动及比赛规则，符合社会道德的行为习惯得以养成，运动员之间的团结、友谊得以加强，欣赏者获得健康的享受和教益，奥林匹克运动的神圣价值得已实现。奥林匹克运动所展现的人类精神，启示人们向人体的极限挑战，奥林匹克体育运动中的每一项新的记录，都是人类向未知领域的进发，它不仅是人的体力的较量，更是人的品质和意志的磨练，不仅体现出体育精神的自然和伦理境界，而且启示着人生的审美境界。[①] 身心和谐发展是奥林匹克运动所致力追求的目标。奥林匹克运动强调人的社会道德的发展，只有人的社会适应能力和道德健康与人的生理、心理同步发展，人的全面发展才能实现，这与人类对健康的认识相一致。1989年，世界卫生组织把健康定义为"躯体健康、心理健康、社会适应良好和道德健康"，道德成为衡量健康的一个尺度。应该说人性的完满、身心的和谐发展一直是奥林匹克运动所致力追求的。顾拜旦复兴奥林匹克运动的一个根本目的就是："体育有利于克服人的异化和人性的畸形发展"，正是在体育竞赛过程中，通过与对手的较量，加深相互之间的了解，增进友谊，取长补短，共同进步，共同发展，达到人生的圆满。奥林匹克运动透过一种直观的感性方式让人们体验和领悟没有团结，没有竞争与

[①] 班秀萍、史可扬："大众传媒与奥林匹克运动的精神联结"，载《现代传播——北京广播学院学报》2004年第6期。

协作，没有共同的价值追求就体会不到的人生的真谛，就不会有幸福完满的人生。没有奥林匹克运动参与者高尚的道德和人生追求，奥林匹克运动就不会发展，也不会有现在的辉煌。如今，现代奥林匹克运动历经120多年，已经成为世界各国人民最喜爱的运动，奥林匹克运动会也已成为全世界的盛会。

五、奥林匹克价值的传承

2000年，在第一届劳伦斯世界体育奖颁奖典礼上，南非前总统纳尔逊·曼德拉说过一句名言："体育拥有改变世界的力量"。这种足以改变世界的体育力量兼具文化影响力。奥林匹克作用于社会，也作用于人，它不仅是体育力量，也是一种文化力量。这种文化力量对人们的行为取向、道德升华、心理感受、价值观念、文明导向等许多方面有着巨大的感染力和影响力。[①] 奥林匹克运动远不止奥运会这种四年一度的庆典形式，奥林匹克是一种理想、一种精神、一种生活态度、一种生活方式、一种社会文明。正如顾拜旦所坚持的："奥运会只是奥林匹克运动最具号召力的一种集中活动形式，而非全部内容。奥林匹克

---

① 卢元镇："希望在于东方体育文化的复兴"，载《文化导刊》2003年第10期。

运动的根本目的，是要促进各国公民广泛参加体育运动，在此基础上推动个人、社会与国家的全面发展，增强各国人民的友好交往。"① 时至今日，奥林匹克运动已经成为世界上持续时间最长、影响面最广、运行机制最完善、致力于人类自身发展的社会运动。因此，弘扬奥林匹克精神，追求奥林匹克理想，普及奥林匹克运动，将使人类受益无穷。

首先，传承奥林匹克的理想。奥林匹克教育是具有广泛意义上的教育，它包含了对人类共同价值观的培养。奥运赛场上运动健儿顽强拼搏、奋勇夺冠的场面激发着人们对人类和谐、世界和平的向往和追求。这种教育并不是形式上抽象的教育，而是在竞技运动的组织与实践过程中一种潜移默化的感染，旨在使社会教育与人格教育融为一体，其生动、直观的形式更易于为人们所接受。奥林匹克运动具有充分的社会性和广泛性，国际奥委会成立伊始就非常强调奥林匹克的世界性，提出奥运会要向一切国家、一切地区开放，并定期在世界各地举行，使它能超越政治、宗教、种族和语言的限制，成为全世界人民和平友谊的盛会。奥运会是全世界的庆典，它使奥林匹克运动的理想一步步变为现实。正是通过奥运舞台，各国各民族的优

---

① 皮埃尔·德·顾拜旦著，《奥林匹克宣言》传播委员会编译：《奥林匹克宣言》，人民出版社2008年版，第115页。

秀文化传统得以充分展现，各国各民族人民得以平等交流，维护了人的尊严，促进了国家和民族的平等，从而推动了人类的文明进步。我们要以人的和谐发展为出发点，进而改造社会，为建立一个公正、美好、和平的世界做出贡献。

其次，传承奥林匹克的精神。奥林匹克的精神包括公平竞争精神、拼搏进取精神、团结协作精神等等。

公平竞争是奥林匹克运动永恒的法则，奥林匹克精神的一个重要方面就是公平竞争，奥林匹克运动本身就是竞争的产物，奥运会就是竞争的场所。奥林匹克竞技体育最基本的要求是遵守竞赛规则。奥运会是目前国际社会中组织最为规范、影响力最大的盛事，从一定意义上讲，它给整个人类社会提供了经典范例。奥林匹克的格言"更快、更高、更强"体现出一种不断超越自我、超越他人、超越纪录的竞争理念，但一切竞争都是在一定的规则下进行的，公平竞争是奥林匹克运动永恒的法则。离开了公平，离开了竞赛规则，体育运动无法普及，体育比赛无法进行，奥运会也无法续写辉煌。因此，奥林匹克运动对践踏公平竞争原则的行为、不符合道德规范的行为如服用兴奋剂等零容忍。服用兴奋剂谋取金牌的行为严重背离了奥林匹克以体育为载体，培养身心和谐发展的人的宗旨，正如国际奥委会前任主席萨马兰奇所言："服用兴奋剂不仅是欺骗行为，也是走向死亡。首先是生理的死亡——通过使用不正当的操作手法严重改变人体正常的生理作用。其次是肉体上的死亡——正如近年来一些悲剧事件所表明的那样。此外，还有精神上和理智上的死亡，即同意进行欺骗和隐瞒自身的能力，承认在正视自我和超越自身权限方面的无能和不求进取。最后是道德上的死亡——拒绝接受整个人类社会所公认的行为准则。"[1] 为了净化奥运会，国际奥委会主席罗格在就职演说中指出："奥林匹克的格言是更快更高更强。当然，我们将继续保留这个格言。但是，在新世纪来临的时候，或许对体育来讲需要新的格言，那就是更干净、更人性、更团结。"[2] 当今社会，公平竞争的理念早已超越体育的范畴而成为全人类的基本法则。

拼搏进取精神是奥林匹克运动的象征。奥林匹克教育发挥榜样力量，激励人们拼搏进取，运动员取得成功的艰难历程，使人们体会到奥运会上每一次纪录的突破、每一个成绩的取得，都凝结了运动员以及背后人员的无数汗水和艰辛，都是勇于拼搏、艰苦奋斗的结果。人生要有远大抱负和对美好生活的追求，但更要有脚踏实地、奋勇拼搏的行为习惯和精神状态，将创造与享受结合起来，并视创

---

[1] 石晓华："奥林匹克对兴奋剂说'不'——干净的奥运会：反兴奋剂"，彭永捷、张志伟、韩东晖主编：《人文奥运》，东方出版社2003年版，第116页。
[2] 雅克·罗格："让梦想永存——国际奥委会新主席的就任宣言"，载《体育文化导刊》2002年第1期，第10页。

造为享受的基本前提，在创造中体验生命的快乐和价值，就如奥林匹克运动所展现的那样。"更快、更高、更强"的奥林匹克格言向世人昭示着一种顽强奋争、奋力拼搏的体育精神，同时也是一种不断超越、锐意进取的人生信念。人生的奋斗如运动场上的追求永无止境，正如德国哲学家雅斯贝尔斯所言："要成为完整的人全在于自身的不懈努力和对自身的不断超越。"曾获1946年诺贝尔文学奖的德国著名作家黑塞也说过："真正的修养一如真正的体育，同时既是完成又是激励，随处都可到达终点却从不停歇，永远都在半道上，都与宇宙共振，生存于永恒之中。"这些至理名言无不揭示着人所应当具有的一种拼搏进取、自我超越的精神气质。

团结协作精神是奥林匹克的底蕴。在体育竞赛中团结协作、共创佳绩是团队的基本要求；尊重裁判、尊重对手、尊重自己，是维护公平竞争体育精神的最好体现。在体育运动中懂得尊重别人的人就是一个自律的人。竞争与合作是对立统一的矛盾体，体育运动既需要竞争精神，也需要合作精神。合作精神既是体育运动参与者必备的素质，也是通过体育运动需要发展的一种能力。从事体育运动，特别是从事集体项目的体育运动和竞赛，需要与他人通力合作，这不但能使集体的目标得以实现，而且个人的作用也能得到充分的发挥。因此，通过奥林匹克教育培养人们竞争与合作的精神、团结协作的精神至关重要。

总之，奥林匹克运动是在奥林匹克理想的指引下，通过教育的方式来培养运动员的品质，培养他们知难而进、百折不挠的品德，培养他们奋勇拼搏、永不放弃的精神，培养他们忍耐和节制、遵守规则的观念和行为准则，使其具有责任感、正义感和公平竞争的美德。事实上，奥林匹克理想的价值都是建立和体现在民主、自由、平等的基础上。奥林匹克运动将西方文明的价值观深深地蕴涵在各国人民都喜爱的体育运动之中，在没有政治、宗教、民族、地域、肤色、语言等歧视下，通过把体育运动与文化和教育相融合，创造一种以奋斗为乐、发挥良好榜样作用并尊重基本公德原则为基础的生活方式。正是这一美妙的人生哲学和奥林匹克教育模式，潜移默化地影响着世人的观念，进而改变着人们的认识方式，使人类共同的信仰——自由、民主、平等、博爱成为创造奥林匹克文明的源泉和精神动力。

奥林匹克运动是人类文明的杰作，奥林匹克运动的终极目标是用奥林匹克精神教育人、培养人，为人的和谐发展服务，为人类社会的发展服务。正如国际奥委会前主席罗格所言："奥林匹克运动独有的力量在于它在一代代年轻人中间传播一个梦想，奥林匹克冠军对他们产生无穷的榜样的力量。参加奥运会的梦想把青年们引导到体育世界，而体育作为一个教育工具将使他们获益良多。体育有利于他们身体和心灵的发育，体育还让他们证明自己，并获得快乐、骄傲和健康。国际奥委会的职责就是让梦想永存！"① 2018年伊始，国际奥委会名誉主席罗格为中国2018年首期《文明》杂志撰写序言，以《奥林匹克文化：连接全世界青年的纽带》为题进一步阐述其观点，"奥运会给全世界青年提供了实现梦想的舞台，激发他们心中的梦想与激情。奥运会让全世界青年汇聚在一起，不分种族、宗教和性别，力求通过体育运动构建和平美好的新世界。"罗格强调，年轻一代能够通过参与奥林匹克运动树立正确的价值观，"奥林匹克文化所代表的人类价值不仅有利于青年人塑造个人的意志品格，还能对青年人的生活与成长领域产生重要影响。"而国际奥委会主席巴赫为2018年首期《文明》杂志撰写序言，以《当今世界的两大变革力量：奥林匹克运动与全世界青年》为题写道："国际奥委会《奥林匹克2020议程》中把全世界青年参与奥林匹克运动作为核心，同时这也是未来奥林匹克运动发展的战略构想。我们相信，体育的未来以及世界的未来都掌握在青年人手中。"②

---

① 雅克·罗格："让梦想永存——国际奥委会新主席的就任宣言"，载《体育文化导刊》2002年第1期，第10页。
② 国际奥委会主席巴赫："世界的未来属于新的青年一代"，新华社网站，2018年1月1日。

第二章　北京奥运会和残奥会的精神遗产

一、理念遗产

北京奥运会的理念是"绿色奥运、科技奥运、人文奥运"。为全面实现北京奥运会的目标，北京奥组委面对新北京、新奥运的重要机遇，大力实施绿色奥运、科技奥运、人文奥运。"绿色奥运"体现人与自然的和谐，坚持生态文明建设，使筹办奥运与生态环境保护相结合，尽可能在筹办过程中减少对环境和生态系统的负面影响，而增加其对城市环境和生态的正面影响，通过场馆建设的示范作用，推广节能环保新技术，增强全社会环保意识，大幅度提高北京环境质量，建设宜居城市。"科技奥运"就是坚持科技创新，紧密结合国内外最新科技发展，汇集科技创新成果，举办一届高科技含量的体育盛会；增强北京自主创新能力，推进高新技术成果产业化以及在人民生活中的应用，使北京奥运会成为展示高新技术成果和创新实力的窗口。"人文奥运"体现体育与文化的结合，以文化人。坚持"以人为本"，实现人民参与奥运、人民享受奥运成果；努力弘扬奥林匹克精神和中华民族的优秀文化，推动中外文化的交流与融合，加深各国人民的相互了解、信任与友谊；以全国人民的广泛参与为基础，大力提升公民文明素质和城市文明形象，推进文化体育事业的繁荣发展，增强中华民族的凝聚力和自豪感。

北京残奥会的理念是"超越、融合、共享"。"超越"——核心是超越自我、挑战极限。它体现了奥林匹克运动"更快、更高、更强"的目标和残疾人体育运动的特点；"超越"传递了残疾人运动员超越生理障碍的勇气和决心，展现了残疾人运动员自强不息、顽强拼搏的精神风貌；"超越"也是心理上的超越，是残疾人渴望摈弃偏见、平等参与社会生活的诉求，是残疾人体育运动的精髓。"融合"——体现了奥林匹克"团结""友谊""和平""和谐"的价值观。与中国传统的"天人合一"理念相契合，涵盖了人与人、人与社会、人与自然融合的三个方面。"共享"——体现了残疾人与健全人同属一个世界、携手共创美好未来的崇高理想。"共享"即残疾人与健全人在奥林匹克运动和社会生活中享有平等权利，在五环旗的感召下共享奥林匹克运动带来的欢乐、友谊、梦想与成功，共享社会文明成果。

北京残奥会使人们对残疾人、残疾人体育和残疾人事业的观念发生了根本改变，会使全社会的每一名成员受益。正如国际残奥委会前任主席菲利普·克雷文先生所言："……如果我们能够从根本上转变对残疾人的偏见，那么我们就会自然而然地养成为他人考虑的习惯，比如：在公共场所设置无障碍设施。这不仅仅有利于那些轮椅使用者、视力障碍患者，同时有利于老人、孕妇、身体虚弱者的出行。这一观念上的根本改变将令全社会的每一名成员受益。"[1] 毋庸质疑，在中国改革开放四十年的实践中，人道主义思想被普遍接受，全社会形成了关心残疾人、帮扶残疾人的良好氛围，新残疾人观逐渐养成。但由于中国地域辽阔、人口众多，对残疾人的认识难免存在差异。因此，借助北京残奥会的影响力，中国人对待残疾人的观念得到了根本改变。以人道主义的情怀尊重、理解、关心、帮助残疾人成为全体社会成员的共识。同时，北京残奥会也使中国和世界看到了残疾人的价值和能力，感悟到残奥精神是人类最伟大的精神之一；认识到残疾人对于世界发展所做出的努力同样重要，残疾人不仅有享受社会财富的权利，同时也有能力成为社会财富的创造者、社会文明进

---

[1] 孙弢："残奥会将给中国留下丰厚遗产：访国际残奥委主席菲利普·克雷文"，载《北京日报》2008年2月22日。

步的推动者。北京残奥会帮助人们建立起尊重、理解、关心、帮助残疾人的理念，承担起公民的责任和义务。这是人性的升华，是一个国家文明进步的标志。同时，北京残奥会推动国际社会更加关注残疾人，努力创建一个更加平等、更加包容、更加和谐的世界。因为世界是人类共有的家园，残疾人与健全人同属一个世界，拥有同样的希望和梦想。北京残奥会推动残疾人与健全人在"同一个世界"中相互交融，共享人类社会文明成果、共同推动社会的文明进步，共同追求人类和平的理想，实现"同一个世界、同一个梦想"。[①]

二、教育遗产

什么是奥林匹克教育？"奥林匹克教育从根本上讲，是以青少年为主要目标群体，通过体育运动传播奥林匹克价值的教育活动。奥林匹克教育的目标是维护和促进人类社会共同的根本利益，如和平、友谊、进步；内容是人类社会普遍接受的人文价值，如奋发图强、追求卓越，公平、公正、尊严、尊重；基本手段是人类社会普遍存在的

---

① 班秀萍："2008年北京残奥会遗产的探索"，载《首都体育学院学报》2010年第1期，第33页。

文化形态：体育运动。"① 中国举办了一届有特色、高水平的奥运会，给世界和中国留下了独一无二的遗产，其中最重要的就是教育遗产。国际奥委会主席罗格评价："中国在举办奥运会时已拿到第一块金牌，奥林匹克教育的金牌。"教育是奥林匹克运动的生命线，奥林匹克教育的方式因各国国情而有所不同。我国是13亿人口的大国，有4亿青少年，奥林匹克以青少年为主要教育对象，这是我国进行奥林匹克教育的一大优势。奥林匹克教育通过学校教育、社会教育、自我教育以及赛会教育等多种途径进行，我国最大限度将奥林匹克教育与学校教育、社会教育、自我教育和赛会教育相结合，形成了奥林匹克教育的中国特色，使青少年学生和社会大众成为奥林匹克精神的实践者和传播者。

北京奥组委和国家教育部在全国40多万所中小学实施了《"北京2008"中小学生奥林匹克教育计划》，建设和命名了556所奥林匹克教育示范学校。在全国4亿青少年中普及奥林匹克知识、传播奥林匹克精神，这是北京奥运会对国际奥林匹克运动发展的突出贡献。北京奥组委2006年启动"同心结"交流活动，组织北京210所学校与205个国家和地区奥委会、160个国家和地区残奥委会

---

① 任海："奥林匹克教育与跨文化传播"，载《教育科学研究》2007年第12期，第5—6页。

建立结对联系，并与奥运会参赛国家和地区的对口学校、运动员代表团进行联系和交流。"同心结"学校的学生通过学习和了解结对国家或地区的语言、文化、历史、地理、风俗、礼仪等知识，扩大了视野，北京奥运会举办期间与各国代表团开展了丰富多彩的互动活动，增进了友谊。赛会期间，充分发挥奥运会榜样力量的教育作用，使赛场内外的观众在欣赏奥运会竞赛、享受奥运会激情与快乐的同时受到潜移默化的感染和熏陶，提升人格境界。这一奥林匹克教育的"北京模式"，在南京青年奥运会筹办和举办期间得到了传承。

奥运会和残奥会于 2008 年第一次走进世界人口最多的国家，走进代表东方文明的中国。在地域范围、人口数量和文化融合方面，奥林匹克运动的精神和理念都实现了一次广泛的传播和普及。[①] 北京奥运会和残奥会彰显教育价值，影响深远。13 亿中国人民广泛参与奥运会和残奥会，普遍接受奥林匹克价值观，传承奥运精神，传播奥运理想，无疑是北京奥运会和残奥会留给中国和世界的最宝贵遗产。在筹办北京奥运会和残奥会的过程中，中国深入开展了奥林匹克教育和残奥教育，通过学校教育、社会教育、自我教育、赛会教育等途径使奥林匹克精神和残奥精

---

① 任仲平："奏响'和平、友谊、进步'的北京乐章"，载《人民日报》2008 年 7 月 19 日。

神得到了继承和弘扬。而奥运会火炬和残奥会火炬传递活动、教育门票计划、赛场内外的相互激励、充满人文关怀的开幕式和闭幕式，都彰显了北京奥运会和残奥会的教育价值。北京奥运会和残奥会的举办使中国人获得了更多奥林匹克知识，提升了对奥林匹克的认识，尤其是有关残疾人体育的认识，并掌握了更多扶残助残技能，促进了全社会对发展体育事业，特别是对发展残疾人体育事业、残疾人事业的支持。

北京奥运会和北京残奥会注定以亿万民众的广泛参与而载入史册。特别是北京残奥会赛场气氛热烈，赛场的感染力无与伦比，共有344.75万观众现场观看了比赛，观众数量超过以往任何一届残奥会。北京残奥会的门票教育计划，使62万持有教育门票的大、中、小学学生受益，而更多的青少年通过自己购票走进了残奥会赛场。现场观看残奥会这一体验，大大推进了广大民众对残疾人观念的改变。中国青年报社会调查中心对全国31个省、区、市8677名公众的调查显示，96.5%的公众认为残奥会让自己"更深刻地理解生命的意义"。北京残奥会让亿万中国人有机会亲眼目睹残疾人运动员不畏艰难、百折不挠、乐观进取、顽强拼搏的精神，深感震撼，深受感染。从感动到行动，开始关注残疾人、残疾人体育、残疾人事业的发展，并身体力行实践"超越、融合、共享"的理念，这是北京残奥会留给中国的最宝贵遗产。无疑，13亿中国人民的广泛参与，使残疾人奥林匹克运动得到了最广泛的传播，弘扬了奥林匹克精神和残奥精神，使残奥运动的价值观深入人心。①

三、文化遗产

奥运会不仅是体育的盛会，更是文化的盛会。中国自2003年起，每年组织奥林匹克文化节，利用奥运平台，把世界各地的文化引入中国，同时也把中国5000年悠久历史所积淀下来的文化精髓展现给世界。奥林匹克青年营活动不但展示了中国和北京的历史文化和风土人情，同时又促进了各国青年之间的交流，增进了友谊，为世界各地的青年人创造了一次独特的奥运经历。而"团结、友谊、和平"的奥林匹克精神更是得到了进一步弘扬。奥运赛场既是竞技场，又是各国运动员友谊的平台；奥运村是一个名副其实的地球村，它在竞技场外为不同肤色、不同种族、不同信仰的人们的欢聚和交流提供了机会。由于举办奥运会而倡导的奥林匹克神圣休战，为人类共同创造美好和平的世界做出了贡献。"北京奥运村和残奥会使中华文

---

① 班秀萍："2008年北京残奥会遗产的探索"，载《首都体育学院学报》2010年第1期，第34页。

化与奥林匹克文化碰撞、交流、融合,形成了具有生命力的文化遗产。无论是别具中国风韵的开幕式和闭幕式,还是北京奥运村和残奥会期间城市景观和各个演出场所精彩纷呈的文化活动,以及奥运村和残奥村的'学中文'和'祥云小屋'的中国故事文化展示,北京奥运会和残奥会不仅使辉煌灿烂的中华文化融入奥林匹克文化,而且使奥林匹克文化在中国传播,两种不同文化的交流与融合使中华文化和奥林匹克文化更加丰富与更快发展:中华文化在全球化背景下被世界接触了解;而注入了中华文化'和而不同'思想的奥林匹克文化也得以发展、繁荣,更具包容性、多样性和吸引力。北京奥运会和残奥会融入中国文化元素的奥运理念、主题口号以及会歌、会徽、火炬、吉祥物、宣传画、体育图标、奖牌、门票和颁奖小姐制服等标识也形象化地体现了奥林匹克理想的价值取向和中国文化的内涵。将中国传统文化与奥运精神和残奥精神完美融合,体现了'心智、身体、精神'和谐统一的残疾人奥林匹克运动精神,意味着残疾人在运动和生活中必须付出巨大的努力,突出了'超越、融合、共享'的理念,彰显了中国文化元素,为世界奥林匹克运动和残奥运动留下了宝贵遗产。"[1] 例如北京奥运会会徽"中国印·舞动的

---

[1] 第29届奥林匹克运动会组织委员会:《北京2008年残奥会总结报告》,北京体育大学出版社2010年版,第207页。

北京"以印章作为表现形式,将中国传统的印章和书法等艺术形式与运动特征结合起来,塑造出一个向前奔跑、舞动着迎接胜利的运动人形。人的造型同时形似现代"京"字,张开的双臂代表盛情的邀请,表明中国人民和首都北京热情欢迎世界各国的运动员和人民欢聚北京,共享奥运盛典。"舞动的北京"这方"中国印"也镌刻着13亿中国人对奥林匹克运动的承诺,最终,中国人民以一届无与伦比的奥运会兑现了对世界、对奥林匹克运动的承诺。

北京奥运会和残奥会向世界展现了人性的光辉,平等、公正、和谐、友爱、理解、宽容、勇敢、超越的精神在这里得到最好的诠释。中华文化遗产与奥运精神遗产相融相通,在筹办和举办北京奥运会和残奥会的过程中,奥运精神和残奥精神得到最广泛的传播,中华文化得到最充分的展示,各国各地区文化得到充分的尊重和交流。北京奥运会和残奥会为204个参赛国家和地区的文化交流提供了平台,促进了不同文化的交流,增进了各国、各地区人民的相互了解和友谊,展现了人类文化共同繁荣发展的美好前景。中国尊重和维护人类文化多样性、文明多样性和发展模式多样性,致力于实现不同文明的共同进步。北京要利用好第29届奥林匹克运动会和第13届残疾人奥林匹克运动会留下的丰厚文化遗产,与奥林匹克文化以及世界各国、各民族文化交流融通,相互学习借鉴,促进人类文化的共同发展进步。

四、志愿服务精神遗产

举办奥运会和残奥会，为促进北京乃至中国的志愿服务事业发展提供了难得的机遇，也为北京和中国留下了丰厚遗产——志愿服务精神。在举办奥运会和残奥会的过程中，全体志愿者逐渐形成了对志愿服务的共识，他们不计报酬，自愿付出时间和精力。北京奥运会和残奥会期间，170万名志愿者在各类服务领域累计服务超过两亿小时，为服务对象提供了高水平的志愿服务，确保了奥运会、残奥会赛事和城市的正常运行，使北京奥运会和残奥会成为历届奥运会和残奥会中志愿者人数最多的一次。北京残奥会志愿者队伍中第一次出现残疾人志愿者，这不仅仅挑战了人们的思维定势，也挑战了残疾人的潜能与极限。残疾人志愿者用行动证明：残疾人不只是受助对象，也能够发挥潜能帮助别人，实现自身价值的同时创造社会价值。此举促进了残疾人实现"平等、参与、共享"的权利，极大地鼓舞了残疾人和健全人携手同行，共同促进社会的和谐进步。北京奥运会和残奥会的成功举办离不开所有默默付出的志愿者，他们的工作赢得了国际奥委会主席罗格的高度评价："当我们把奥林匹克梦想变成现实之时，我们要特别感谢成千上万、无私奉献的志愿者们，没有他们，这一切都不可能实现。"而志愿者也在参与奥运、奉献奥运中体验快乐，收获成长，增强了公民意识和社会责任感。①

总之，170万名志愿者使北京奥运会和残奥会成为历届奥运会和残奥会中志愿者人数最多的一次，也使本届奥运会和残奥会成为培育志愿服务精神的沃土，中国人的公民意识觉醒、公民素质提高。北京奥运会和残奥会志愿服务行动大大提升了人们对志愿服务的认识。虽然北京奥运会和残奥会已经闭幕，但志愿精神这粒种子已经种在了许多人的心里，志愿服务理念得到越来越多人的接受和认同。我们要在全社会逐步形成并完善志愿服务体系，鼓励更多的人加入到志愿者的行列中，使志愿服务常态化、制度化，从而不断推进社会文明。目前，中国的中小学已将学生参与志愿服务纳入学生评价体系，成为志愿服务常态化、制度化的一种尝试。中国正在借助"奥运效应"，努力使志愿服务成为中国人的一种生活方式，人人都是志愿者，志愿服务人人可为、时时可为、处处可为，从而不断推进社会文明和人类进步。②

---

① 班秀萍："2008年北京残奥会遗产的探索"，载《首都体育学院学报》2010年第1期，第34页。

② 班秀萍："2008年北京残奥会遗产的探索"，载《首都体育学院学报》2010年第1期，第36页。

五、体育遗产

从 2001 年 7 月 13 日申奥成功之日起，中国政府全面兑现申办承诺，提出举办一届"有特色、高水平"的奥运会和残奥会的工作目标。在七年的筹办和举办北京奥运会、残奥会过程中，完成了一项又一项具有里程碑意义的任务，为中国和世界体育留下了独一无二的遗产。北京奥运会共刷新 38 项世界纪录、85 项奥运会纪录，产生了 302 块金牌，金牌总数为历届奥运会之最。这些金牌由 55 个国家和地区的运动员分享，共有 87 个国家和地区的运动员获得奖牌，获得奖牌的国家和地区比上届增加了 12 个，成为奥运历史上金牌和奖牌分布面最广的一次奥运会。牙买加田径运动员博尔特在北京奥运会上创造了百米 9 秒 69 的速度之最；美国游泳运动员菲尔普斯则创造了一人夺得 8 枚奥运金牌的新纪录。北京奥运会期间，赛场内外充满激情与欢乐，运动员们演绎了许多精彩故事，留下了许多经典和传奇。204 个国家和地区，1 万多名运动员，全球数十亿人次的关注，使北京奥运会成为百年奥运参赛国家和地区最多的一届奥运会，成为吸引全球关注，拥有巨大影响力的一次人类盛事。国际奥委会主席罗格高度评价北京奥运会是"一次真正的无与伦比"的奥运会。

他说:"北京奥运会和残奥会是奥林匹克历史上的一个重要里程碑,为北京、中国和奥林匹克运动留下了影响深远的遗产。"

北京残奥会是奥林匹克运动史上第一次残奥会与奥运会同期同城举办,北京残奥会也是一次空前的体育盛会,共打破世界纪录279项,残奥会纪录339项,76个国家和地区的运动员获得了奖牌,创造了残奥会历史上的新纪录。本届残奥会运动质量和竞技性的提升是对残奥运动水平的超越。精彩绝伦的残奥会,吸引了国际社会的广泛关注,也使国际残奥委会获得较高的国际认知度,为推动残疾人奥林匹克运动的发展和壮大创造了有利条件。同时,北京残奥会使千千万万的残奥体育迷在中国和世界各地涌现,为残疾人奥林匹克运动的发展奠定了坚实的群众基础。北京残奥会促进了残疾人体育事业在中国的发展。残奥健儿所体现的残奥精神极大地激发了更多的残疾人参与体育的热情,他们走出家门,参与体育活动,享受体育带来的快乐,通过体育锻炼提高自身的康复水平和身体素质,增强自立、自强的能力。中国有8500万残疾人,体育是他们参与社会生活的重要途径。我们要利用北京残奥会的契机,创造更好的条件让更多的残疾人参与到自强健身活动中,使残疾人群众体育与竞技体育协调发展,残奥、特奥、聋奥运动均衡发展,使残疾人体育事业持续和谐发展。①

北京奥运会和残奥会筹备和举办期间，中国开展了一系列群众性体育文化活动，在全国的城市和乡村建设数万处体育健身场地和设施，呈现出全民参与奥运、参与体育运动的良好局面。北京奥运会和残奥会的筹备和举办，增进了人们对体育的热爱，激发了亿万人民的体育热情。设施一流的奥运场馆和精彩赛事吸引了越来越多的普通人享受体育带来的快乐，为北京打造国际体育中心城市奠定了坚实的基础。北京奥运会后，国家继续投资建设分布在城市各社区的全民健身设施和分布在贫困地区、农村的体育健身中心，满足普通人的锻炼需求，扩大公众体育参与面。总之，奥运会和残奥会的筹办和举办，为所有人提供了参加运动的机会，让不同年龄和性别的人们都参与到体育中来，使体育运动日渐成为人们健康文明的生活方式。

北京奥运会和残奥会为中国留下了宝贵的体育人才遗产。北京奥运会和残奥会锻炼了一批优秀的运动员、教练员、竞赛技术人才和竞赛管理人才，培养了一批国际化的体育经营管理人才，为中国体育的可持续发展提供了人力保障。同时，我们要通过更多渠道加快体育领域人才的培养，不仅满足竞技体育的需要，而且满足13亿多中国人

---

① 班秀萍："2008 年北京残奥会遗产的探索"，载《首都体育学院学报》2010 年第 1 期，第 35 页。

的需要，加快推进中国体育事业的发展。北京奥运会和残奥会为中国体育和世界体育的可持续发展留下了一流的体育设施，这些高标准的奥运会场馆，为中国和世界体育发展提供了雄厚的物质基础。正是在此基础上，北京与张家口携手申办、筹办并将在2022年举办第24届冬季奥林匹克运动会和第13届冬季残疾人奥林匹克运动会。

六、无障碍遗产

为举办一届成功的奥运会和残奥会，场馆无障碍设施和城市无障碍设施建设受到高度重视。北京奥运会场馆有37个，其中11个为新建场馆，其他为改建或扩建。残奥会全部利用奥运会竞赛场馆，共20个场馆，其中包括2个京外场馆——香港奥运马术比赛场和青岛奥林匹克帆船中心，还有6个独立训练场馆以及残奥村等非竞赛场馆无障碍设施均达到国家标准。国家体育场、国家体育馆、北京大学体育馆、老山自行车馆、奥林匹克公园网球中心5个场馆达到国际标准。北京残奥会场馆在设计理念、建筑质量、场馆功能方面均达到世界先进水平。国际残奥委会首席执行官冈萨雷斯先生指出，北京残奥会部分竞赛场馆已达到世界顶级水平，这是以往任何一届残奥会都不曾有的。在城市无障碍建设方面，对交通、景区、宾馆、饭店、银行、邮局、医院等公共服务设施进行大量无障碍设施改造和建设，长城、故宫等重要景点实现了通行无障碍，25个定点医院、16家残奥会签约酒店、首都国际机场等完成了无障碍改造。赛时投入了大批无障碍公交车、出租车，并为残疾人运动员等客户群提供了无线助听和视频手语翻译软件等设备。①

　　无障碍不仅是场馆和城市的无障碍，更是信息的无障碍，心灵的无障碍。在筹办残奥会的七年中，北京市建立了1400个社区"温馨家园"，为残疾人提供实现自身价值的舞台。在此基础上建立的150个示范社区残疾人温馨家园，成为残奥会的一大亮点。残疾人通过参与温馨家园的活动，自身潜能得到了充分发挥，同时丰富了精神文化生活，增强了参与社会生活的信心和能力，消除了心理上的障碍，生活状况发生了根本性改变。残奥会期间，有许多国家的运动员和宾客到温馨家园进行交流活动，受到了很大的触动和感染。国际残奥委会主席克雷文视察东四温馨家园后题词："在这里我看到了最好、最精彩的技艺，这里完全没有障碍"。北京残奥会加深了全社会对残疾人的理解，拉近了健全人与残疾人之间的距离，为残疾人更好地融入社会创造了条件。健全人和残疾人共同实践着

---

① 班秀萍："2008年北京残奥会遗产的探索"，载《首都体育学院学报》2010年第1期。

"超越、融合、共享"的理念，从这个意义上说，残奥会提升了社会文明程度。[1]

北京奥运会和残奥会为中国和世界留下了宝贵遗产，受到国际社会的普遍称赞。国际奥委会主席罗格称赞北京奥运会"是一届真正的无与伦比的奥运会"；国际残奥委会主席克雷文在残奥会闭幕式致辞中由衷赞叹："这是一届多么伟大的盛会，开幕式美轮美奂，体育场馆完美无瑕，运动竞技表演令人叹为观止，残奥村条件之优越史无前例，高清电视转播令人称奇，志愿者们出类拔萃，千千万万的残奥体育迷在中国和世界涌现，这是有史以来最伟大的一届残奥会。这一切源自于精神的力量，这种精神就是残奥精神，它在我们运动中永放光芒。"[2]

"两个奥运，同样精彩"，这是中国给世界的承诺。与拥有百余年历史的现代奥运会相对照，走过48年历史的残奥会同样致力于展示人类挑战极限、超越自我、重在参与、和谐友爱的天性。更让世人感动的是在残奥会的赛场上，残疾人选手表现出的挑战命运、自强不息、乐观向上、团结互助的精神，彰显着高尚的人文情怀，闪耀着人性光辉，别具震撼力和感染力。第13届残疾人奥林匹克

---

[1] 班秀萍："2008年北京残奥会遗产的探索"，载《首都体育学院学报》2010年第1期，第31—32页。

[2] "国际残奥会主席克雷文在北京残奥会闭幕式上的致辞"，中国网，2008年9月17日，china.com.cn。

运动会在北京举办意义重大，它的成功不仅是对13亿中国人的激励和鼓舞，更是对世界的激励和鼓舞。北京残奥会是世界各国人民的体育盛会，也是人类超越自我、珍视参与、享受快乐的人文盛会。北京残奥会所倡导的"超越、融合、共享"理念，代表着各国人民的美好愿望，为世界残疾人事业留下了宝贵的精神财富，必将推动国际残疾人奥林匹克运动不断发展壮大。

2008年8月31日，北京残奥村和平广场上竖立了《残疾人权利公约》纪念墙，这是残奥会历史上首面以联合国公约为主题的纪念墙。这部公约是联合国历史上第一部全面保护残疾人权利的国际法律文件，它一方面强调对残疾人经济、社会、政治等各项权利的保护，另一方面要求各国采取具体措施发展残疾人事业。2008年6月，中国政府批准了《残疾人权利公约》，这无疑有利于进一步促进中国残疾人事业乃至整个人权事业的发展。在北京残奥村竖立《残疾人权利公约》纪念墙，旨在宣传"平等、参与、共享"的公约主旨与"超越、融合、共享"的残奥理念，为北京残奥会注入丰富的精神内涵；呼吁国际社会更加关注残疾人，以履行《残疾人权利公约》为契机，积极行动起来，努力创建一个更加平等、更加包容、更加和谐的世界。

时任中国国家主席胡锦涛表示："中国政府和人民一贯重视残疾人事业，坚持以人为本，弘扬人道主义精神，倡导平等，反对歧视，关怀弱者，尊重人权。"举办残奥会，是对中国承担国际义务、履行申办承诺、弘扬人道主义精神的一次检阅。北京奥组委在筹办残奥会过程中提出"超越、融合、共享"的理念和"两个奥运，同样精彩"的目标，并以最大的真诚、务实的行动兑现承诺，承担国际义务，充分显示了中国高度重视残疾人奥运会，热忱关心帮助残疾人，大力弘扬人道主义精神的真诚愿望。北京残奥会的成功产生了广泛而深远的影响。

2001年，国际奥委会对北京的评估报告中指出："北京举办奥运会，将给中国和世界体育运动留下独一无二的遗产。"北京举办奥运会和残奥会，是中国贡献给奥林匹克运动和全世界的宝贵遗产。"两个奥运，同样精彩"，北京以实际行动兑现了承诺，承办了一届无与伦比的奥运会和残奥会，得到了国际社会的广泛认同。第29届奥林匹克运动会和第13届残疾人奥林匹克运动会是中国人民奉献给世界的一届伟大盛典，它既是体育的盛会，也是文化的盛会，更是残疾人和健全人团结友谊、共创美好未来的盛会。在中国看来，北京奥运会和残奥会不只是一次体育盛典，同时也是一次精神的洗礼和思想的升华。北京残奥会让我们关注残疾人，真正走近残疾人，理解残疾人，帮助残疾人，共同实现"超越、融合、共享"的理念和目标。北京奥运会和残奥会的成功不仅是对13亿中国人的激励和鼓舞，更是对世界的激励和鼓舞。北京残奥会的巨大效应，极大地唤起了人们对残疾人、残疾人体育和残疾人事业的关注和支持，产生了积极而深远的影响，超过了国际残奥委会的预期。

北京是第一个执行国际奥委会和国际残奥委会协议，由一个组委会同时筹办两个奥运会的城市，在奥运历史上具有里程碑意义，在国际奥林匹克运动和残疾人运动发展历史上具有特殊的地位和深远的影响。2001年的莫斯科，国际奥委会委员们听到北京这样承诺："无论你们今天做出什么样的选择，都将载入史册，但是只有一种决定可以创造历史。这个决定将使得世界和中国通过体育友好地相融在一起，从而造福全人类。"[①] 2008年北京承办了一届无与伦比的奥运会和残奥会，实现了"造福全人类"的终极目标。北京奥运会和残奥会提高了奥运会和残奥会的水平和国际影响力，也为奥林匹克运动的可持续发展注入了生机与活力。北京用实际行动履行了对国际社会的庄严承诺，为世界奉献了一届有特色、高水平的残奥会，最大限度地唤起了中国和世界对奥林匹克运动和残疾人奥林匹克运动的关注和支持，达成了国际奥委会和残奥委会的长远目标。2008年11月24日，国际奥委会2008年北京奥运会总结会在伦敦召开，国际奥委会第29届奥林匹克运

[①] 王霞光："体育，让人们相融在一起：访国际奥委会委员何振梁"，载《人民日报》2008年7月22日。

动会协调委员会主席维尔布鲁根表示："北京奥运会不仅展现了世界上最棒的体育比赛和运动员的风采，而且帮助人们破除障碍、消除隔阂。毫无疑问，北京2008年奥运会已经为完成这一使命做了很多贡献。有很多理由表明我们确实经历了一次真正历史性的奥运会。"① 在北京奥运会一周年之即，北京奥运城市发展促进会成立，其宗旨是弘扬奥运精神，利用奥运成果，促进奥林匹克事业和残疾人体育事业的持续发展，促进北京国际化城市和国际体育文化中心城市建设。国际奥委会主席罗格在为北京奥运城市发展促进会成立发来的贺信中如此评价："北京奥运会是真正意义上的一届无与伦比的奥运会，拥有鲜明的特色和堪称完美的组织工作。北京奥运会无论是在场馆建设、公共基础设施改造、城市绿化工程，还是在惠及成千上万青少年的奥林匹克价值的教育普及工作，为北京乃至中国，以及奥林匹克运动都留下了丰富的遗产。如果在奥运会上所有的获益中选出其一的话，我想说，感谢北京奥运会，它让世界更加了解中国，也让中国更加了解世界。"②

中国改革开放四十年，也是中国全方位融入国际体系的过程，中国与世界的联系日益紧密，与国际社会的合作

---

① 第29届奥林匹克运动会组织委员会：《走向成功：北京奥运会组织运行工作报告》，北京体育大学出版社2010年版，第300—301页。
② "国际奥委会主席罗格为北京奥运城市发展促进会成立发来的贺信"，北京奥运城市发展促进会官方网站，http://www.beijing2008.cn/boda-special/n214609483.shtml。

日益加深。作为奥林匹克大家庭的成员，北京举办了一届无与伦比的奥运会和残奥会，北京奥运会和残奥会的遗产也将为举办2022年冬奥会和冬残奥会提供宝贵经验，借助2022年冬奥会和冬残奥会的平台，北京与世界的交流交融会更加深入，实现体育使世界更美好的愿景。

第三章　奥林匹克教育与公民教育

一、奥林匹克教育强化公民身份认同感

当今时代是全球化的时代，全球化从总体上来说是人类从以往各地域、各民族和国家之间彼此隔绝的状态，走向同时态、共时性的全球性社会的变迁过程。当今时代也是全球化趋势与民族国家观念并存的时代，国家仍然是民族存在的最高组织形式，是国际法的主体，是本民族整体利益的法定代表。自由、民主、平等和人权已成为现代国家的基本精神。公民属于特定民族国家。何谓公民？1979年上海辞书出版社出版的《辞海》这样定义"公民"："公民通常指具有一个国家的国籍，并根据该国的宪法和法律规定，享有权利并承担义务的人"。《大英百科全书》（Encyclopedia Britannica）则如此定义："公民乃一个个人与一个国家的关系，受这个国家的法律规范而在

这个国家拥有相应的义务和权利。"由此，我们可以将公民概括为：公民指具有一个国家的国籍，并在该国享有权利承担义务的人。这就意味着公民首先要立足于自己的祖国，正如俄国思想家别林斯基所说："谁不属于自己的祖国，那么，他也就不属于全人类。"①

冯建军教授认为，应培养具有世界公民视野的国家公民，增加全球意识，关心并参与全球事务。"公民属于特定的国家，是一国之公民。世界公民不能作为独立的身份。所以，公民教育的立足点不是世界公民，而是国家公民。世界公民教育绝不是将学生训练'成为'世界公民，而是教育他们意识到自己'作为'世界公民的角色，增加全球意识，并利用种种机会关心及参与全球事务。所以，实现国家公民身份与世界公民身份的统一，当代可行的选择是具有世界公民视野的国家公民。世界公民只能成为国家公民的视野，而非公民的身份。世界历史性的国家公民，立足于国家利益和传统文化，以全球利益、人类观念为视野，成为具有国际视野和国际竞争能力的国家公民。正是因为我们只在观念上定位世界公民，所以，世界公民教育不是政治认同教育，而是人性教育、观念

---

① 班秀萍："全球化语境下我国公民价值观的构建"，载《九江学院学报》2014年第3期，第51页。

教育。"①

属于特定国家的公民要有世界公民视野,因为所有国家及其公民都生存在同一个地球上,面临着气候变化、人口膨胀、环境污染、粮食和能源短缺、恐怖主义、网络安全等许多全球性问题,需要各国及其公民携手解决。因此,公民要承担起对民族国家的责任、对国际社会的责任。正如邓小平在英国培格曼出版社出版的《邓小平文集》序言中所说:"我荣幸地以中华民族一员的资格而成为世界公民。我是中国人民的儿子,我深情地爱着我的祖国和人民。"一国公民教育是要培养对祖国一往情深的公民,尊重每个人的个性自由,培养公民的主体意识、民主法制意识、权利义务意识、公共精神和社会责任感。各国公民教育都无一例外地是要促进国家认同,但同时也要培养公民的全球视野,关注人类面临的共同性问题。正如哈贝马斯所说:"只有在一种具有普遍意义的话语的交往前提下,才能建构起一种较高层次的主体间性,让每个人的视角与所有人的视角相互重合。"② 北京奥运会使奥林匹克精神在 13 亿中国人民中实现了历史上最大规模的传播和普及,尤其在中国 4 亿多青少年中广泛开展的奥林匹克

---

① 冯建军:"公民的当代境遇与公民教育的路向选择",载《探索与争鸣》2012 年第 11 期。

② 尤尔根·哈贝马斯著,沈清楷译:《对话伦理学与真理的问题》,中国人民大学出版社 2005 年版,第 85 页。

教育活动，培养了熟悉奥林匹克知识和历史、理解奥林匹克宗旨和精神、具有世界胸怀和国际视野的一代人。北京奥运会增强了我们的民族自豪感和民族自信心，使我们自信自己不仅是中国公民，也是世界公民，应承担对国际社会的义务，共同建设一个团结、友爱、和谐的世界。北京奥运会和残奥会所开展的奥林匹克教育强化了公民身份认同。

二、奥林匹克教育推动"和谐世界"建设

（一）"和谐世界"的理念

"和谐世界"的理念根植于深厚的东方文化历史传统。"和谐"一词有着深厚的中国文化底蕴与内涵，是中国几千年来文化的精髓。在中国传统文化中，"和谐"是被普遍接受和认同的人文精神，它包括天人合一的宇宙观、"和而不同"的世界观、厚德载物的包容精神和"兼相爱、交相利"的仁爱精神等等。"和而不同"就是在承认不同性、差异性和多样性的前提下，实现人与人的和谐、人与社会的和谐、人与自然的和谐。这是中国传统的和谐观，也是中国人传统的道德观。

进入 21 世纪，中国在建设"和谐社会"的同时提出了"和谐世界"的构想。"和谐世界"是中国的"和谐"理念从国内政治向国际政治的延伸，表达了中国对于世界发展趋势的深刻把握和战略决策，显示了中国富有建设意义的世界发展观。

2005 年 9 月 15 日，胡锦涛在联合国成立 60 周年首脑会议上，发表了题为《努力建设持久和平、共同繁荣的和谐世界》的重要讲话，向全世界发出了建设"和谐世界"的声音，提出创建和谐世界是中国对未来国际新秩序的一种主张和看法。在 2006 年新年贺词中，胡锦涛又一次表达了"中国人民殷切希望同世界各国人民一道，加强团结，密切合作，携手建设一个持久和平、共同繁荣的和谐世界"[①]的强烈愿望。这注定成为人类文明史上具有里程碑意义的重大事件。2006 年 12 月 6 日，温家宝在法国巴黎综合理工大学发表的题为《尊重不同文明，共建和谐世界》的演讲中指出，只有尊重文化的多样性，才能使人类文明得以发展；只有实现国与国之间的和平，人与人之间的和睦，人与自然之间的和谐，人类文明才能持续发展。那么，"和谐世界"究竟包括哪些内涵呢？

第一，共同发展与繁荣。即促进全球协调、平衡、普

---

① 胡锦涛 2006 年新年贺词："携手建设持久和平、共同繁荣的和谐世界"，载《人民日报》2006 年 1 月 1 日。

遍发展，特别要推动发展中国家加快发展，使21世纪真正成为"人人享有发展的世纪"。胡锦涛指出："发展事关各国人民的切身利益，也事关消除全球安全威胁的根源。没有普遍发展和共同繁荣，世界难享太平。"①他向世界庄严宣布："中国将始终不渝地把自身的发展与人类共同进步联系在一起。"②中国正是利用举办奥运会的机遇获得政治、经济、社会、文化、环境的全面发展，同时为世界普遍发展和共同繁荣做出了贡献。

第二，相互尊重与包容。即世界各国求同存异，以包容精神尊重各国不同的社会制度和发展模式。当今世界是一个多样性的世界，这正如胡锦涛所指出的："世界上近200个国家，60多亿人口，民族传统、宗教文化、经济发展水平和社会制度各式各样，不可能只采取一种文明形态、一种社会制度、一种发展模式。"③正是各国各民族的差别与多样性使世界生机勃勃，因此，要倡导开放包容精神，尊重文明、宗教、价值观的多样性，尊重各国选择社会制度和发展模式的自主权，推动不同文明友好相处、平等对话、发展繁荣，共同构建一个和谐世界。如果各国

---

① 胡锦涛联合国成立60周年首脑会议上的讲话："努力建设持久和平、共同繁荣的和谐世界"，载《人民日报》2005年9月16日。
② 胡锦涛联合国成立60周年首脑会议上的讲话："努力建设持久和平、共同繁荣的和谐世界"，载《人民日报》2005年9月16日。
③ 胡锦涛联合国成立60周年首脑会议上的讲话："努力建设持久和平、共同繁荣的和谐世界"，载《人民日报》2005年9月16日。

之间能够在相互平等的基础上，做到相互尊重、相互理解、相互包容，就可能为国际社会带来和平与繁荣。

第三，世界和谐、持久和平。用和平与合作的方式，通过协调、谈判解决国际争端或冲突，减少战争的威胁，维护持久和平。世界和平是人类社会发展和进步的首要条件，是人类共同追求的目标。人类只有生活在和平环境里，才能实现经济社会的发展，追求幸福生活，创造灿烂文明。没有和平，就没有人类社会的繁荣和稳定，也就没有和谐世界。

第四，维护文明的多样性。文明多样性是人类社会的基本特征，也是人类文明进步的重要动力，是维护世界和平与发展的基石。在人类历史上，各种文明都以自己的方式为人类文明进步做出了积极贡献。进入21世纪，我们更应该加强不同文明的对话和交流，维护文明的多样性，推动各种文明和平共处，努力构建多种文明兼容并蓄的和谐世界。

构建"和谐世界"任重道远。"和谐世界"是对中国"和"文化精髓的弘扬，体现了历史发展和时代发展的客观要求，符合世界各国的根本利益，是国际关系发展的必由之路。只要世界各国彼此相互尊重，平等相待，和平共处，互利合作，就能不断趋向和谐世界的目标。北京奥运会和残奥会就是建设"和谐世界"的典范，是"同一个世界、同一个梦想"的最好实践。

（二）"和谐世界"理念与奥林匹克运动的精神联结

中华文明拥有悠久的历史，它历经五千年长盛不衰，是世界上从未间断、绵延至今的人类文化瑰宝。中华文明强调"天人合一""以和为贵"等观念，北京奥运会的核心理念——"人文奥运"体现了中华文明对奥林匹克精神的开拓与发展，它所包含的和平、和谐、和爱、和美等思想，在于促进人自身的体魄与心灵、人与人、人与社会、人与自然的和谐发展。和谐是奥林匹克运动与中华文明的最佳结合点，奥林匹克运动对构建和谐世界有巨大的促进作用。北京乃至中国融入的是奥林匹克运动，而不仅仅是一届奥运会。2008年奥运会固然可以带来经济效益，但社会效益更为持久，更值得我们重视。在北京奥运会上，中国人民表现出前所未有的热情、自信与包容，令世界赞叹，世界由此看到中国的未来。实践证明：普及奥林匹克运动，追求奥林匹克理想，弘扬奥林匹克精神，会使国家、国际社会和各国人民受益无穷。

奥林匹克运动的宗旨就是建立一个和平美好的世界。一百多年来，奥林匹克运动是国际和平的促进力量。现代奥林匹克运动的创始人顾拜旦认为，"战争的爆发是由于民族之间的互相误解"，而要消除误解，进而消灭战争，最好的办法莫过于通过竞技比赛，使不同国度、不同民族、不同种族、不同语言文化、不同宗教信仰的人们相聚一堂，公平竞争，加深了解和友谊，达到世界的团结、和平、进步的目的。他还指出："提倡人与人之间彼此爱护并不是一个幼稚的行为"，"让人们彼此间相互尊重也不是一种空想，但这有一个重要的前提，就是人们首先要互相了解互相接触，互相尊重同样表现在对彼此信仰和行为的尊重，以及对彼此文化的尊重。"[①] 他在著名诗篇《体育颂》中就曾热情讴歌体育的和平价值："啊，体育，你就是和平！你在各民族间建立愉快的联系。你在有节制、有组织、有技艺的体力较量中产生，使全世界的青年学会相互尊重和学习，使不同民族特质成为高尚而和平竞赛的动力。"[②] 全世界不同国度、不同民族、不同种族、不同语言文化、不同宗教信仰的人们在这个交流平台上超越了语言的障碍，超越了民族隔阂，以纯粹的体育竞赛来沟通和交流。奥运会是以激烈的体育竞赛来代替国家和民族间的争斗，以狂欢节的形式结束这场竞争，留给人们的只有从事体育运动所获得的愉悦和竞争带来的奋发向上的精神。正是在相互竞争中，人们加深了对彼此的了解，获得了对彼此的尊重。奥林匹克运动以它崇高的、不可动摇的和平理想，在化解民族矛盾、缓和民族冲突方面发挥着无

[①] 皮埃尔·德·顾拜旦著，《奥林匹克宣言》传播委员会编译：《奥林匹克宣言》，人民出版社2008年版，第13页。

[②] 顾拜旦著，詹汝琮、邢奇志等译：《奥林匹克理想———顾拜旦文选》，奥林匹克出版社1993年版，第55—56页。

可替代的作用。奥林匹克运动之所以能克服各种危机，战胜诸多困难，使这样一种超越国家界限、超越民族文化的世界文化现象得已延续，靠的就是奥林匹克的理想以及对理想的不懈追求。①

作为13亿人口的大国，我们举办了2008年北京奥运会和残奥会，向世界展示了奥林匹克精神在中华大地的传播，也向世界展示了五千年的中华文明，东西方文化在古老而现代的北京交流与融合，凸显中华民族崇尚和平、和谐，愿与世界各国人民共创美好未来的信心与能力，并与奥林匹克的理想完美融合。

奥林匹克运动的宗旨就是引导各国人民为建立和谐美好的世界而努力，这体现了现代奥林匹克运动对全人类和整个世界的深切关怀。人类文明发展至今，国家间、民族间、地区间的冲突不断，经济利益冲突、意识形态对立、民族文化隔阂、宗教信仰差异，冲突发展的极端形式就是战争。而奥林匹克运动则是要化隔阂为友谊，让所有的国家、民族相互交流、相互理解，共同携手，让世界充满和平与友爱。北京奥运会上，格鲁吉亚运动员和俄罗斯运动员深情一吻带给世界的感动，是奥林匹克精神的最好诠释。

奥林匹克精神是属于全人类的。作为一场世界范围内

---

① 班秀萍、魏军："奥林匹克与和平"，载《首都体育学报》2003年第4期。

的体育和文化盛事，奥林匹克运动是超越政治、宗教、种族、肤色、语言和地域的，它是世界各民族文化交融的平台。各国运动员不但加强了团结，而且增进了友谊，世界各民族文化碰撞、交融、理解、创造，促进了世界的和谐。

（三）北京奥运会和残奥会对构建和谐世界的贡献

1993年，联合国大会通过国际奥委会提出的促进世界和平的提案，向全世界表明：奥林匹克运动"为建立一个和平而更美好的世界"的宗旨得到了国际社会的广泛承认，它已经成为我们这个时代不容忽视的一支重要力量，促进着人类和平与进步事业的发展。2007年10月31日，第62届联合国大会一致通过由中国提出，186个会员国联署的《奥林匹克休战决议》。这是联合国大会连续第八次通过《奥林匹克休战决议》，反映了联合国和奥林匹克运动共有的价值观。在"休战决议"通过前，时任北京市市长刘淇向各国代表介绍了由北京奥组委代表中国政府提出的"通过体育和奥林匹克理想建立一个和平的更美好世界"的决议草案即《奥林匹克休战决议》草案，"奥林匹克休战"不仅是奥林匹克运动的理念，也是全世界爱好和平的人们的共同愿望。

北京奥运会对世界和平的贡献不仅体现在《奥林匹克休战决议》中，还体现在北京奥运会的实践中。北京奥运会的口号是"同一个世界,同一个梦想"(One World One Dream),它集中体现了奥林匹克精神的实质和共同价值观——团结、友谊、进步、和谐、参与和梦想,表达了全世界在奥林匹克精神的感召下,追求人类美好未来的共同愿望。尽管人类肤色不同、语言不同、种族不同、宗教信仰不同,但我们共同分享奥林匹克的魅力与欢乐,共同追求人类和平的理想,我们同属一个世界,我们拥有同样的希望和梦想。"同一个世界,同一个梦想"也深刻反映了北京奥运会的核心理念——人文奥运所蕴含的和谐价值观。建设和谐世界、实现和谐发展是我们的梦想和追求。"天人合一"是中国人自古以来对人与人、人与社会、人与自然和谐关系的理想与追求。我们相信,和平进步、和谐发展、和睦相处、合作共赢、和美生活是全世界的共同理想。"同一个世界,同一个梦想"表达了中国人民与世界各国人民共有美好家园,同享文明成果,携手共创未来的崇高理想。表达了一个拥有五千年文明,正在走向现代化的伟大民族致力于和平发展、社会和谐、人民幸福的坚定信念,表达了13亿中国人民为建立一个和平而美好的世界做出的努力。北京奥组委把奥运会火炬接力命名为"和谐之旅",以"点燃激情、传递梦想"为口号,途经五大洲的21个城市,并在境内31个省、自治区和直辖市传递,火炬还抵达了世界最高峰——珠穆朗玛峰。北京奥运会火炬接力是奥运史上传递路线最长、传递范围最广、参与人数最多的一次火炬接力。北京奥运会以此实践追求和平、构建和谐世界的理想。在北京奥运会期间设立了"和平友谊墙"，供各国运动员、教练员、官员签名，呼吁遵守《奥林匹克休战决议》，促进世界和平。北京残奥会期间设立《残疾人权利公约》纪念墙，呼吁国际社会更加关注残疾人，以履行《残疾人权利公约》为契机，积极行动起来，努力创建一个更加平等、包容、和谐的世界。

北京奥运会对中国人来说是一次洗礼。在筹备和举办北京奥运会、残奥会的过程中，中国深入开展了奥林匹克教育，通过各种文化教育活动，宣传"团结、友谊、和平、进步"的理想。如北京2008年奥林匹克教育"同心结"交流活动，倡导在奥林匹克精神影响下，各国青少年心连心、手挽手、肩并肩，共同追求"团结、友谊、和平"的理想。2005年12月，教育部和北京奥组委实施了《"北京2008"中小学生奥林匹克教育计划》，面向全国4亿青少年开展奥林匹克教育，传播奥林匹克知识，弘扬奥林匹克精神。教育部和北京奥组委在全国命名了556所奥林匹克教育示范学校，推动了全国奥林匹克教育的发展。建设和命名奥林匹克教育示范学校是中国开展奥林匹克教育的一项创新做法，旨在通过示范学校创造性地开展奥林匹克教育活动，进一步带动和影响其他学校和社区参与到奥林匹克教育的过程中来，使奥林匹克运动的和平理想深入人心。无疑，13亿中国人民直接参与奥运，4亿中国青少年接受奥林匹克的价值观，是北京奥运会留给中国和世界的最宝贵遗产。

中国的奥林匹克教育是更广泛意义上的教育，它把中华民族独特的价值观与奥林匹克的价值观结合起来，既培养青少年的爱国情怀，又培养其胸怀天下的全球视野，使之承担世界公民的责任。北京奥运会以人的和谐发展为出发点，以和谐世界为奋斗目标，努力使全世界人民相互交流、相互理解、相互尊重，弥合众多国家、地区、民族和种族之间的分歧和矛盾，增进各国人民的团结、友谊和合作，以期建立一个公正美好和平的世界。

回顾历史，立足现实，展望未来，我们可以看到，奥林匹克运动起源于和平，奥林匹克运动的宗旨是谋求和平，奥林匹克运动发展的动力和源泉是和平的理想。现代奥林匹克运动经历两次世界大战的破坏，经历危机而得以延续，靠得就是奥林匹克理想以及对理想的执着追求。进入20世纪80年代，奥林匹克运动得到更多国家的参与。中国重返奥林匹克大家庭，给奥林匹克运动注入新的生机与活力；2008年北京奥运会，又为东西方文化的交流与融合提供了舞台。时至今日，奥林匹克运动已发展为一种超越国家界限、超越民族文化的世界文化现象，对多种文化的兼容和尊重是其一百多年来长盛不衰的生命力所在。21世纪以来，借助北京奥运会的契机，中华传统文化与奥林匹克文化碰撞、交流、融合，不仅使辉煌灿烂的中华文化融入奥林匹克文化，而且使奥林匹克文化扎根中国。北京奥运会有助于奥林匹克文化在中国的渗透和传播，而奥林匹克文化又有利于催生一代身心健全、自尊、自爱、自立、自强、自信的中国公民。两种不同文化的交流与融合带来的是合作共赢的结果：中华文化在全球化背景下为世人广泛接受，奥林匹克文化得以发展、繁荣。注入了孔子"和而不同"思想的奥林匹克文化，更具包容性、多样性、吸引力和凝聚力，对促进人类的和平与发展将起到更大的作用。

作为13亿人口的大国，中国举办了一届无与伦比的奥运会，为21世纪奥林匹克运动的持续发展增添了活力，使之真正成为一种国际社会运动。奥运会在古老与现代交汇的北京举办，使中国人有机会为人类和平、友谊、进步事业及发展奥林匹克运动做出更大的贡献。全世界大约有47亿观众观看了北京奥运会。北京奥运会提出的口号："同一个世界，同一个梦想"，寄予了全人类共同和谐发展的美好愿望，向世界各国人民播撒了奥林匹克和谐共处的种子。北京奥运会和残奥会促进了世界各国文化的相互交流与借鉴。北京奥运会通过举办各种形式的国际文化交流活动与精彩的体育赛事，为不同文化、不同宗教背景之间的人们架设了桥梁，使北京奥运会成为国际奥委会大家庭成员参与数量、观众数量以及媒体转播数量最多的一届奥运会。北京借助举办奥运会的契机，克服政治制度以及文化差异带来的问题，以开放、坦诚、包容的胸怀进一步融入到世界中。北京奥运会让中国更加了解世界，也让世界更加了解中国。

当今世界，和平与发展仍是时代的两大主题。崇尚和平，远离战争，人与人、民族与民族、国家与国家之间多元和谐，和平共处，共存共荣，这是人类自古以来的共同理想。西方的"乌托邦"，东方的"大同世界"，寄托了人类的美好理想。千百年来，人类为之奋斗，就在于我们相信：只有和平，才能给人类带来进步繁荣。中国人民愿与世界人民携手共创美好未来，共享和平、和谐、和爱、和美的生活，促进"和谐世界"目标的最终实现。正如2008年8月8日，时任中国国家主席胡锦涛在为出席北京奥运会的贵宾举行的欢迎宴会上发表的祝酒辞所说："当今世界既面临着前所未有的发展机遇，也面临着前所未有的严峻挑战。世界从来没有像今天这样需要相互理解、相互包容、相互合作。北京奥运会不仅是中国的机会，也是世界的机会。我们应该通过参与奥运会，弘扬团结、友谊、和平的奥林匹克精神，促进世界各国人民沟通心灵、加深了解、增强友谊、跨越分歧，推动建设持久和平、共同繁荣的和谐世界。"①

三、北京奥运会和中华体育精神对现代奥林匹克的影响

北京奥运会不仅促进了中国体育和奥林匹克运动的发展，还对现代奥林匹克发展产生了广泛而深刻的影响。北京奥运会展现了东方文明的魅力，在东西方体育文化的交流与冲撞中，丰富了奥林匹克的内涵。

（一）北京奥运会和中华体育精神丰富了奥林匹克价值观

现代奥林匹克运动重视人文教育。顾拜旦提倡尊重人的价值，维护人的尊严，注重人文精神的培养。顾拜旦曾说："当今世界充满发展的极大可能，但同时也存在着危险的道德败坏。奥林匹克运动能建立一所培养情操高尚与心灵纯洁的学校。"在《体育颂》中，顾拜旦认为体育和教育是紧密结合的，是人的全面发展的一种强大动力，他说："啊，体育，你就是培养人类的沃土，你通过最直接的途径，增强民族体质，矫正畸形躯体；防病患于未然，

---

① 胡锦涛："弘扬奥林匹克精神 共创世界美好未来"，载《人民日报》2008年8月9日。

使运动员得到启迪；希望后代长得茁壮有力，继往开来，夺取桂冠的荣誉。啊，体育，你就是进步！为人类的日新月异，身体和精神的改善要同时抓起，你规定良好的生活习惯，要求人们对过度行为引起警惕，告诫人们遵守规则，发挥人类最大能力而又无损健康的肌体。"[1]奥林匹克的宗旨是培育身体与精神和谐发展的人，建立维护人的尊严的社会。人们在体育运动的拼搏和竞争中锻炼成长，遵守规则，尊重基本道德原则，追求公平正义，塑造健康体质和健全人格。

奥林匹克来到中国使其教育的范围、内容、意义在广度和深度上大大拓展。国际奥委会委员何振梁曾解释道：通过对意志品质的培养，使人得到全面发展；通过体育与文化教育的结合，使人的身体素质、道德精神获得和谐发展和提高，概括地讲，就是通过体育活动促使人、特别是青少年获得身心的和谐发展。

伴随着中国申办、筹办和举办奥运会的过程，全社会开展了一场广泛的奥林匹克教育活动，包括价值观念、道德规范、文化礼仪和规则法律等等方面。西方体育推崇竞争，中国传统文化中却有止戈为武的一面。体育竞争不仅是要争取胜利，还要培养一种意志品质和精神。"胜负乃

---

[1] 顾拜旦著，詹汝琮、邢奇志等译：《奥林匹克理想——顾拜旦文选》，奥林匹克出版社1993年版，第55—56页。

兵家常事",只有"胜不骄,败不馁"才能使人发展和完善。追求更快、更高、更强,不仅体现在体力、能力上,更应该体现在人的精神上。中国有"友谊第一、比赛第二"的体育精神。在奥运会的大家庭里,所有属于不同国家和地区的人们都应得到理解和尊重,奥运会是全世界的盛会和庆典。奥林匹克大家庭有200多个国家和地区,涵盖世界五大洲,种族各异,政治制度、宗教信仰、文化传统、经济状况、社会发展阶段各有不同,但四年一届的奥运会使各国各民族的人们汇聚在一起,相互了解、增进团结和友谊、公平竞争,促进世界和平。

奥林匹克运动起源于西方,长久以来,奥林匹克运动的开展以西方为主导,西方文化根深蒂固,而北京奥运会把东方文化展现在世界面前。北京奥运会传达了相互尊重、求同存异、和平共享、和谐发展的人类美好愿望。中华文明以和为贵,谦逊、含蓄、和善,在竞争中不失道德和友谊。中国传统体育文化强调天人合一,内外兼修,身心追求和谐,关注体育运动中的修身和养性,心与意合、意与力合、力与气合,重视人的健康。中国传统体育文化可以与西方奥林匹克主义价值追求形成互补,相辅相成。

中国是礼仪之邦,注重礼仪是中国的传统。礼同样在体育中被重视,在北京奥运会期间,全社会开展了广泛的文明礼仪教育活动,提高了市民的文明素质,为北京奥运会成功举办打下坚实的社会文明基础。

中华体育精神是推动中国社会发展的动力之一。改革开放后，中国体育迎来快速发展，中国女排发扬拼搏精神，在20世纪八九十年代连续夺得世界女排史上辉煌的五连冠，进入21世纪中国女排一次次走出低谷，续写辉煌；中国乒乓球队40年来宠辱不惊，保持着世界领先地位；中国跳水队同样保持着世界领先水平。勤学苦练、自强不息、团结协作、无私奉献的女排精神成为改革开放后国家发展和人民奋斗的精神动力，砥砺人们为中华民族伟大复兴的目标奋勇前行。2007年，中国体育凝练了"为国争光、无私奉献、科学求实、遵纪守法、团结协作、顽强拼搏"的中华体育精神。中华体育精神植根于中国的文化土壤，是中国对体育发展的历史贡献，它让世界看到中国体育的伟大力量。中华体育精神也是时代精神的表达，是中华民族精神的一个重要体现。在中华体育精神的鼓舞下，中国人民取得举世瞩目的伟大成就。2001年中国申奥成功后，在筹办奥运会过程中也曾面临巨大困难；2008年爆发了世界性金融危机，中国发生汶川大地震，但在艰难险阻面前，中国人没有退缩，团结一心克服各种困难，成功举办了一届无与伦比的奥运盛会，永载现代奥林匹克运动发展史册。

体育精神能够凝聚力量，促进社会团结、推动社会发展。习近平总书记在会见第31届奥运会中国体育代表团时说："我国体育健儿在里约奥运会上的出色表现，生动诠释了奥林匹克精神和中华体育精神"，"激发了全国人民的爱国热情和全世界中华儿女的民族自豪感，增强了中华民族的凝聚力、向心力、自信心"。勇于超越和战胜自我的拼搏精神，是凝聚全国各族人民团结奋斗的强大精神力量。通过体育运动将人民团结起来，为了创造美好生活不懈奋斗，是体育运动和教育在中华大地结出的硕果，也是对奥林匹克价值观的丰富和拓展。

（二）中西方体育对体育公正的探索殊途同归

中西方体育特别是奥林匹克运动不仅向人们传达追求身心健康，体验体育运动带给人们的运动乐趣，同时还向人们表达出体育与教育结合，倡导公平公正等精神内涵和价值观念。体育公正是体育精神的核心内容，是保证体育活动正常进行和可持续发展的"生命线"。

体育运动崇尚公平竞争精神。体育道德以公平公正为道德核心，以拼搏进取、团结友爱、遵守规则等为道德价值追求和价值标准。体育竞赛中任何弄虚作假、投机取巧、不正当竞争等行为都会受到严厉处罚。通过参加体育活动，可以培养人们公正、自由、平等、法治等价值精神，有利于核心价值观在人们心底生根发芽。

早在公元前561年，古希腊哲学家卓罗斯就为古代奥运会起草了一份竞赛章程，章程上对体育公正问题做出了阐述，有关规定成为古代奥运会必须遵守的规则。古代奥运会具有严格的资格审查制度，证明参赛者身份，不合乎参赛要求的和弄虚作假者不能参加比赛。裁判员享有极高的荣誉和极大的权力：监督运动员训练、讲解运动道德、组织比赛、决定优胜者和执行判罚。为了公正裁判，裁判员要在宙斯神像前宣誓，保证不接受贿赂，切实履行裁判员的神圣职责。在奥运会上，如对裁判的判决不服，可以上诉，如确系误判，裁判将被罚以重金。运动员也要在宙斯神像前举行宣誓仪式，保证不以非法手段取胜，保证不破坏奥运会规定。如果在比赛中贿赂裁判或有不检点行为，当事人将被罚以巨款。这些制度规定、执行程序和违规处罚措施等体现了维护体育竞赛公正和促进体育发展的正义思想。

19世纪末，奥林匹克运动开始恢复，同时，体育公正的思想也得到进一步的发展。现代奥运之父顾拜旦在他的不朽诗篇《体育颂》中说："啊，体育，你就是正义！你体现了社会生活中追求不到的公平合理。任何人不可超过速度一分一秒，逾越高度一分一厘。取得成功的关键，只能是体力与精神融为一体。……啊！体育，你就是荣誉！荣誉的赢得要公正无私，反之便毫无意义。有人要见不得人的诡计，以此达到欺骗同伴的目的。他内心深处却受到耻辱的折磨。有朝一日被人识破，就会落得名声扫地。"[1] 现代奥林匹克运动一经创立，公平公正竞赛就成为其核心准则。在奥林匹克运动发展史中，1963年成立了公平竞争委员会，并于1975年公布了公平竞争宣言。在1983年颁布的公平竞争宪章中规定："公平竞争不仅是限于文字上的定义，其深刻内涵很难用文字加以概括。公平竞争作为运动员的道德行为准则，维护人类的尊严，尊重生命和自然应成为体育活动的核心。"

公平竞争思想伴随着体育的发展而进步，也是体育精神的重要支柱。体育运动已经将公平竞争作为体育的最高法则，以互相了解、友谊、团结、公平竞争为核心的奥林匹克精神成就了奥林匹克运动的发展。

古代奥运会非常关注体育竞赛的公平公正，古代奥运通过各种制度和规则维护体育公正。现代奥林匹克运动在恢复之初，也强烈地反映了维护公平竞争的美好意愿。顾拜旦是现代奥林匹克之父，更是维护体育公正的先驱，他不仅首先表明了体育公平竞争的思想，还将公平竞争精神作为现代奥林匹克精神的核心。顾拜旦出身贵族，受过良好的教育，他谙熟西方的传统文化。顾拜旦的公正思想不仅有现代体育运动的实践基础，还有他对西方公正文化传

---

[1] 顾拜旦著，詹汝琮、邢奇志等译：《奥林匹克理想——顾拜旦文选》，奥林匹克出版社1993年版，第55页。

统的承传发扬,古代奥运公平竞争的思想是他的理论源泉。

顾拜旦吸收了宾夕法尼亚大主教的思想,认为:"对奥林匹克运动会来说,参与比取胜更重要"。奥林匹克运动需要人民的广泛参与,体育为大众服务。顾拜旦说:"运动需要自由,需要个性,每个人都有适应自己的运动机会,不管他的自然潜力有助于抑或不利于其运动的发展都应一视同仁。"①而要保证人们能够广泛的积极的参与比赛,就应重视人人平等的公正问题。因财产、地域、政治主张、宗教、种族、个人能力等的差异使人们不能站在同一起跑线后,体育将没有生机。"要进行人与人之间的体育活动,前提条件必须是人与人之间的地位平等和游戏规则的公平,不能设想皇帝与草民之间、主人与奴隶之间如何进行体育比赛;即使都是同一地位的人,当规则偏向某个人或某些人时,比赛也无法进行。"② 所以顾拜旦的体育思想是:"不分国家和民族,无论贵贱、无论贫富,都应当平等地享有参与体育运动的权利。"③

顾拜旦的另一个观点是"更快、更高、更强"。人人

---

① 顾拜旦著,詹汝琮、邢奇志等译:《奥林匹克理想——顾拜旦文选》,奥林匹克出版社1993年版,第80页。
② 卞婴:《奥林匹克新论》,兰州大学出版社2003年版,第56页。
③ 皮埃尔·德·顾拜旦著,《奥林匹克宣言》传播委员会编译:《奥林匹克宣言》,人民出版社2008年版,第124页。

平等、人人都能够参与体育活动就实现了体育的普遍公正，保证了人们的参与权利。但人类在运动能力上是存在差别的，奥运竞赛需要的是高水平的激烈竞争和最大限度发挥人类潜能的比赛。顾拜旦曾说："奥运会只能是争夺冠军的比赛。如果向所有人敞开报名，那么淘汰赛将会令人扫兴地排满奥运会会期，而且开支浩大。"[1] 因此，他提倡精英至上。他说："奥林匹克精神的第二个特点是杰出人物，精英至上。当然精英是在绝对平等地条件下产生的。因为他们的身体条件的优势，他们的力量以及他们参加训练的坚强意志决定了他们的出众地位。"[2] 技艺高超的运动员需要更多的权利，需要更多的超越自由，这是顾拜旦提出"更快、更高、更强"口号的原因。顾拜旦还多次提到"骑士精神"，他所指的是骑士公正和勇敢的精神，也是西方公正文化的反映。但顾拜旦不主张体育比赛中的男女平等，坚决反对女性参加奥运会，认为女性的身体条件和心理特征决定了她们不适合进行体育比赛，这是其历史局限性所在。

顾拜旦将他的公正思想应用到体育实践中，如隆重的保证公平竞赛的仪式；运动员和裁判员遵守体育道德和公

---

[1] 顾拜旦著，詹汝琮、邢奇志等译：《奥林匹克理想——顾拜旦文选》，奥林匹克出版社1993年版，第43页。

[2] 顾拜旦著，詹汝琮、邢奇志等译：《奥林匹克理想——顾拜旦文选》，奥林匹克出版社1993年版，第151页。

平竞赛原则的宣誓；制定合乎公平竞争思想的竞赛规则等。实际上奥林匹克所有价值和功能都是以公平竞争为基础的。

中国体育有公平竞争传统。在古代中国的体育活动中，就有关于体育公正思想的论述。如后汉的李尤在《鞠城铭》中记载："圆鞠方墙，仿象阴阳；法月衡对，二六相当；建长立平，其例有常；不以亲疏，不有阿私；端心平意，莫怨其非"。[①] 文中认为裁判不能偏袒任何一方，不能徇私舞弊，只有维护竞赛公道，支持正义，才能避免比赛争执的发生。

现代中国，更加强调体育公平公正，对参与体育的权利给予了充分重视。体育参与权利公正是体育公正的重要前提。体育参与权利公正提供了人人都能够参与体育竞赛的机会，保证了比赛中的基本权利。可以说，从中华人民共和国成立时起，"人民体育人民办，人民体育为人民"，就把体育参与的权利给了中国最广大的普通民众。1952年6月10日，毛泽东为中华全国体育总会题词："发展体育运动，增强人民体质"，第一次提出了新中国体育要为人民服务的体育思想。"发展体育运动，增强人民体质"明确了新中国体育发展的基本方针，也是中国体育发展的最根本任务，为新中国体育运动的发展起到强大的推动作

---

① 体育史编写组：《体育史》，高等教育出版社1987年版，第51页。

用。在这一思想指导下，工人、农民、学生以及社会各方人员积极投身体育锻炼，人民享有广泛的体育参与权利。

1954年，中央人民政府体育运动委员会党组出台《关于加强人民体育运动工作的报告》的文件，指出："改善人民的健康状况，增强人民体质，是党的一项重要政治任务。特别是当前国家已进入有计划的经济建设的新的历史时期，更需要人民有健康的身体，但现在人民健康状况还远不能适应各项工作的需要。为了改变这种情况，除了加强卫生工作和逐步改善劳动、学习等条件外，开展体育运动确是一种最积极的有效的方法。"文件要求：人民的体育运动是国家的一项新的事业，各级党委必须予以充分的重视，协助建立和充实各级体育运动委员会，结合各地实际情况，使群众性的体育运动首先在厂矿、学校、部队和机关中切实地开展起来。由政府组织和管理群众进行体育活动，有力地实现了人民能够参与体育。

在之后的几十年，特别是改革开放的40多年来，群众体育得到极大发展，中国体育人口总数日益增长。截止2015年，我国经常参加体育锻炼的人数达3.64亿。在北京奥运会后，国务院于2009年8月30日公布《全民健身条例》，随后《全民健身计划（2011—2015年）》发布，群众体育活动进一步活跃，全民健身上升为国家战略，《全民健身计划（2016—2020年）》更是把全民健身的推广和落实提高到新水平。

体育公正包含了基本权利公正、过程公正和结果公正。参与体育的权利是体育公正的前提和基础。中国体育以为人民服务为指导思想，坚持发展以人民为中心的体育，构建以人民为中心的体育管理体制是中国体育发展的重要基础。全社会参与体育服务，向广大民众提供参与体育、享受体育的机会和乐趣，表明中国对体育公正的追求与奥林匹克的公平公正精神相一致，中西方体育对体育公正的探索殊途同归。

（三）北京奥运会和中华体育文化丰富了体育人文精神

体育是多元化、多样化的。现代奥运会的竞赛项目是在古代奥运会竞赛项目的基础上发展起来，并吸收借鉴了一些欧洲之外的国家和民族的体育文化。但世界各国的体育项目丰富多彩。除了奥运会的竞赛项目外，国际奥委会还资助过世界运动会的比赛项目，而世界运动会给世界体育提供了更多的民族体育展示的机会。

北京奥运会秉承"同一个世界、同一个梦想"的宗旨，邀请了最广泛的国家和地区参加，搭建了世界多元文化和体育交流的平台，为世界人民提供了参与奥运文化交流和享受奥运快乐的机会，向世界传达了中国"和"文化的魅力。

在北京奥运会开幕式第五篇章中，中国汉字"和"向世界缓缓走来。在舞台巨幅画卷中央，中国古代古体的"和"字逐渐转变为现代的"和"字。一个"和"字绵延5000年，表达了中华文明"和而不同""和合共生"的人文理念。

五千多年历史的中华文明传承中，中国人民始终坚持崇尚和平、和睦、和谐的精神理念。在儒家文化中，倡导和为贵，和而不同。百年奥运史上反对战争、倡导世界和平的理念，因中国文化而具有了新的意义。当今世界有200多个国家和地区，2500多个民族，需要创建一个多彩多元、平等尊重、包容互鉴的新型文明观。"和"的理念，不论过去还是现在，都有其永不褪色的时代价值。古代经典《尚书》倡导克明俊德，而后九族既睦，进而协和万邦。"和"促进了世界各民族和国家的和谐共处。中华文明提倡包容，《论语》讲君子和而不同，只有在不同文化中借鉴优秀成果，文明才能相互促进和发展。在中国古代体育中，竞争的同时更加注重互相鼓励和尊重，如射术是最注重礼仪和相互尊重的。

中华文化提倡和为贵，但"和"的意义中蕴涵着"和而不同"。世界上各国家和地区的运动员四年一度汇集在奥运会大舞台，实践着奥林匹克运动的宗旨"更快、更高、更强"，各参赛国和地区的运动员都全力展示自己的健与美，把最好的竞技状态、竞技水平展示出来，超越自我、超越极限。"和"文化不是消极退让的文化，"天行健，君子以自强不息"，中华民族精神强调勇敢和责任担当，天下之大，舍我其谁的豪情。在奥运会上，赢得尊重不只是在竞争中取胜，"君子以自强不息"的拼搏精神，同样可以赢得尊重。

中国是一个统一的多民族国家，有56个民族。在中国，不仅有田径、游泳、篮球、足球等现代体育项目，还有许多民族传统体育项目，北京奥运会上中国传统武术就是作为表演项目登上奥运会大舞台。

武术作为中华体育文化的载体之一，向世界传达了多彩的中华民族体育。武术是中华民族传统文化的瑰宝，在全球范围广泛传播，为促进不同文明之间互通互鉴、和平共存、兼容合作、发展共赢带来新途径。在新时代，中国提出了建设人类命运共同体的理念，人类命运共同体理念一方面阐释了当今世界各国间共生共存、相互依存、超越国界的现状，另一方面也提出了建设持久和平、普遍安全、共同繁荣、开放包容、清洁美丽的新的世界愿景。止戈为武的武术至高境界和武术中的以德为先、仁爱等思想，不仅能够促进人类体育和谐发展，还能为那些既希望加快发展又希望保持自身独立性的国家和民族提供了解决问题的新路径。

武术作为中华体育文化瑰宝蕴涵着中国智慧，是新世界愿景理念构建的一种民族体育重要载体。为此，中国武术发展和国际传播也要站在更高的国际平台上，用更加深远的眼光来看中国传统武术文化，发展中国武术文化。

当今时代，和平与发展成为世界各国人民追求的主题，这更加需要建立平等尊重、包容互鉴、共享进步的美好愿景。但大国关系的调整，各种思想文化相互激荡，使民族文化领域面临着空前复杂的交融交锋态势，有些民族文化面临激烈的挑战。对民族文化，中国提倡世界各国文化应是"各美其美，美人之美，美美与共，世界大同"，国际社会应注重不同文明之间的相互尊重、互学互鉴，取长补短，和谐共处。

北京奥运会倡导的和谐理念告诉我们，文明是平等、包容、交融交流的，文明交流互鉴是人类社会文明发展的动力和前提，应积极推动不同文明间的交往和交流。人类文明因多样交流碰撞产生的火花是超越时代的基础。只有文明多样才能产生交流的价值，只有文明交流才能带来文明的繁荣。世界各民族的文明交流消弭文明的隔阂，文明冲突破坏了文明的传承、保护与发展，文明共存和文明互鉴是世界文明创新发展的意义所在。

（四）中华体育精神丰富了奥林匹克精神

中华体育精神是中华民族精神的一部分，其中女排精神最好地诠释了中华体育精神。在一个国家和民族的发展道路上，总有一些影响深远的重大事件会成为整个民族的集体记忆，中国女排就是如此。20世纪八九十年代的中国女排深深铭刻在我们这一代人的记忆里，是与我们的青春、我们的理想、我们的奋斗、我们的激情交织在一起的。那是一个充满理想、不失信仰的时代，是一个渴望创造、探索前行的时代，20世纪八九十年代的中国女排，敢打敢拼，不懈奋斗，取得五连冠的佳绩。而进入新世纪的中国女排，又在雅典奥运会、北京奥运会、里约奥运会上再创辉煌，激发了中国人的热情，振奋了民族精神。

2016年8月，世界目光聚焦里约奥运会，见证着全世界运动健儿的梦想与激情，11000名运动员凭着对奥运的无限憧憬和对梦想的不懈坚持，以十年磨一剑的坚毅站在了奥运会赛场上，演绎着不同的人生，其中就有年轻的中国女排队伍。她们出师不利，小组赛2胜3负，先后负于荷兰队、塞尔维亚队和美国队，仅胜波多黎各和意大利，勉强以小组第四名出线；但却在半决赛中实现惊天大逆转，3∶2胜巴西队，3∶1胜荷兰队，决赛中3∶1胜塞尔维亚队，时隔12年再夺奥运金牌，充分展现了女排精神，把海峡两岸人民和海外侨胞团结在一起。习近平主席在女排夺冠后发来的贺电中表示："中国女排不畏强手，英勇顽强，打出了风格，打出了水平，时隔12年再夺奥运金牌，充分展现了女排精神，全国人民都很振奋。"

"什么是女排精神？"里约奥运会赛前，朗平说："女排精神不是赢得冠军，而是有时候知道不会赢，也竭尽全力，是你一路虽走得摇摇晃晃，但站起来抖抖身上的尘土，依旧眼中坚定。"夺冠之夜，她又说："女排精神是一种团队精神，是面对困难的时候永不放弃，能战胜伤病，战胜各个方面带来的不利因素，一如既往地奋勇拼搏……"回国后在获奖舞台上她发表感言："中国女排可以不是最强的队伍，但一定是在困难面前最团结、最有战斗力、最坚韧不跋的队伍。"郎平为女排里约奥运会夺冠纪念画册《里约之路》作序："将近四十年的时间，一代代的女排都是在为梦想不懈努力，没有人承诺努力一定会战胜困难，一定会成功，但是我们反复告诫自己：成就梦想的路上，除了努力，别无选择。"正是由于这种不懈奋斗、永不言弃的精神，才使中国女排如凤凰涅槃般历尽劫难而重生，成为中国人永远的骄傲！

回首中国女排的发展历程，那难以忘怀的一幕幕仿佛就在眼前。中国女子排球项目起步晚，1951年才举行首次全国比赛，1956年达到世界前六名的水平，出现了第一次发展高潮。在20世纪八九十年代，中国女排贯彻"三从一大"的训练原则，刻苦训练，作风顽强，终于实现了世界冠军的梦想。1981年第3届世界杯赛上，袁伟民主教练带领中国女排夺得世界杯冠军。此后又再接再厉，夺得1982年第9届世界锦标赛和1984年第23届奥运会冠军。1985年，在邓若曾教练的率领下，中国女排又夺得第4届女子排球世界杯赛冠军。1986年中国女排在张蓉芳教练率领下获得第10届世界女排锦标赛冠军，实现了中国排球史上的"五连冠"。

在当时,世界女排强手林立,如果没有过硬的本领,要想站在世界最高领奖台是不可能的。苏联女排身体素质好,打法强悍;美国女排拥有海曼和克罗克特等弹跳出众、劈杀凶狠、身材高大、攻击性强的选手;加勒比海有"黑色橡胶"之称的古巴队;在亚洲有"东洋魔女"称号的日本女排。中国女排拥有顽强的斗志、不屈不挠的拼搏精神和团结奋进的集体主义精神,她们把技术、战术发挥得淋漓尽致,赢得了对手的尊重。

战胜苦难最难的是战胜自己。要战胜自己,就要付出超常的代价,甚至要忍受一般人难以忍受的痛苦。中国女排姑娘们为了训练比赛,为了国家荣誉,放弃了自己的利益,从国家利益出发,其精神可歌可泣。这种精神使她们续写了"五连冠"的辉煌,也成为改革开放以来中国人奋发向上的学习榜样。

女排精神就是团队精神,就是坚韧、勇气和坚定,没有什么奇迹,有的只是永不放弃。英雄不是没有脆弱的时候,只是永不被脆弱征服罢了。中国女排在绝望中寻找希望,在希望中抓住光明,是敢于承载国人希望的队伍。女排精神传承40多年,它是中华民族精神的体现,也是民族精神在今天的延续,它极大地提振了中华民族的自信心和凝聚力。就如里约奥运会女排决赛期间记者对中国海峡两岸民众的采访,香港、澳门、台湾的民众均表示,这一刻自己就是中国人！从 1986 年的五连冠，到 2004 年雅典奥运会逆转夺冠，再到 2016 年里约奥运会赛场的凤凰涅槃，中国女排奋力拼搏、永不放弃的精神，激励着我们披荆斩棘、奋勇前进，为实现中华民族伟大复兴的中国梦而努力奋斗！以女排精神为代表的中华体育精神推动了奥林匹克运动的发展。

第四章　2022年冬奥会与冬残奥会的公民教育

2008年北京奥运会和残奥会获得巨大成功，激发了全国人民的爱国热情，赢得了国际社会的广泛赞誉。在申办、筹办与举办北京奥运会和残奥会过程中，中国人民接受了奥林匹克教育，用实际行动弘扬了奥林匹克精神，展现了讲文明、重礼仪、团结友善、爱好和平、参与奉献、共创美好世界的良好公民素质，留下了宝贵的奥林匹克教育遗产。

2015年7月31日，国际奥委会第128次全会投票决定，北京成为2022年冬奥会和冬残奥会举办城市。2015年12月15日，北京2022年冬奥会和冬残奥会组委会成立，标志着2022年北京携手张家口筹办冬季奥运会和冬残奥会工作全面展开。如何继承2008年北京奥运会和残奥会的成功经验和遗产，使2022年冬奥会和冬残奥会与北京奥运会和残奥会一样精彩？成为当前摆在中国人民面前的一项重要任务。其中，进一步大力推进奥林匹克教育，特别是公民教育，具有重大的现实意义。

一、秉承奥林匹克教育的价值理念

（一）理解并重视奥林匹克运动的教育价值

要开展好奥林匹克教育，首先要充分理解奥林匹克教育的地位和作用。这从21世纪以来国际奥委会的几次重要会议与决议中可以深刻领会。

2002年8月24日，国际奥委会"寓教于体"世界论坛在德国威斯巴登举行。论坛的目的在于强调体育是而且必须是一种教育方式，体育运动应在道德的规范内和公平竞争的原则下促进人的身心健康发展。会议通过了促进奥林匹克教育在全世界进一步发展的《威斯巴登宣言》。《宣言》指出：奥林匹克大家庭一直在重申奥林匹克主义的教育作用，各国奥委会也应该积极主动地把这种理念带入体育运动的追求中去。奥林匹克运动不同于一般的体育运动，它是人类社会为了实现崇高的理想在一定哲学思想指导下进行的社会文化运动。其基本构想是通过体育运动与教育、文化的结合，培养身心和谐发展的个体，进而建立一个维护人的尊严的、和平的世界。这种思想使奥林匹克运动担负着崇高的历史使命，赋予它极强的教育价值和文化价值。

2010年12月5—7日，国际奥委会第七届世界体育、教育和文化大会在南非德班举行。会议重点讨论了体育、教育和文化之间不可分割的内在联系；如何让青年人通过参与体育活动学习和提升自我，使他们加入到推动文化间理解与文化多样性的行动中，促进青年的成长与发展。①会议通过的《德班宣言》对未来奥林匹克教育提出很多建设性意见和规划，指导奥林匹克教育走向新的发展道路。

2014年12月8日，在摩纳哥召开的国际奥委会第127次全会通过了《奥林匹克议程2020》。《议程》中的一个主题就是"推动奥林匹克主义的传播与教育"。国际奥委会前任主席罗格倡导举办青年奥运会，就是要提供给青少年一个亲近、感受、参与奥林匹克价值观并接受教育的"活动课程"。《议程》继而提出：首先，由奥林匹克广播服务公司建立一个数字化的奥林匹克电视频道，将节目重点放在突出奥林匹克运动的思想传承与文化交流上。其次，国际奥委会于2013年6月推出"奥林匹克主义在行动——体育服务全人类"工程，包括"社会发展、和平促进、文化教育、性别平等、环境保护"等主题。再次，

---

① 孙葆丽："奥林匹克教育新趋势：倾听青年人的心声"，载《中国教育学刊》2011年第3期。

进一步加强体育、文化、教育的融合。

通过学习国际奥委会上述会议和决议的相关内容，有助于我们把握奥林匹克事业的发展方向，更加重视奥林匹克教育的作用。

（二）了解世界奥林匹克教育的新趋势

教育是现代奥林匹克的生命线，新世纪以来，奥林匹克教育的新趋势、新动向成为当前中国筹办冬奥会和冬残奥会中关注的一个焦点。虽然2008年北京奥运会在奥林匹克教育方面获得了丰厚遗产，但2022年冬奥会的奥林匹克教育需要与时俱进，与现代奥林匹克发展同步，形成新的符合时代和国情的教育理念与举措。

趋势之一：注重倾听青年人的心声。

奥林匹克教育受教育群体以青年人为主，要注重倾听青年人心声。2010年12月，国际奥委会第七届世界体育、教育和文化大会以"倾听青年人的心声"为主题，表明国际奥委会和联合国教科文组织对奥林匹克教育的对象——青少年有了新的认识，从教育的主导者"发号施令"的倾向，转向"倾听青年人心声"。这是奥林匹克教育向新的高度发展的里程碑，表明了未来的努力方向。其发表的《德班宣言》具体提出：第一，让青年人参与体育教育与文化活动的发展战略和决策的制定。第二，让青年人在奥林匹克文化教育和体育活动中发挥主观能动性。

第三，以青年人喜闻乐见的方式与其沟通。① 这种新趋势将完善奥林匹克教育理念，丰富活动形式，注入新的活力。

趋势之二：教育重心从"奥林匹克运动会"向"奥林匹克价值观"转变。

"奥林匹克价值观教育计划"（OVEP）是国际奥委会于2005年开始实验、2007年正式启动的一项在青少年中普及和推广"奋斗求欢乐""公平竞争""追求卓越""身体意志精神和谐"的奥林匹克价值观的宏伟计划。2005—2010年为实验阶段，出台了首部《传授价值：奥林匹克教育手册》，提炼了奥林匹克价值观：尊重、公平竞争、追求卓越、奋斗中求欢乐、身体意志精神的和谐。2011年至今为全球拓展阶段。在这一阶段，2016年8月，国际奥委会研制出全新的奥林匹克价值观教育资源"OVEP工具包"，包括3部教材和1个互联网资料库。OVEP的实施具有以下特征：覆盖全球45个国家，以青少年为主要教育对象；生活化的教学策略，将奥林匹克基本原则与青少年的体育课程和社会生活实践紧密结合；优化的教育资料，有3部出版物（《奥林匹克价值基础手册》《实用教学纲要》《活动清单》）、1个基于网络的在线图书资源、1个以"奥林匹克之旅"为主题的教学辅助

---

① 孙葆丽："奥林匹克教育新趋势：倾听青年人的心声"，载《中国教育学刊》2011年第3期。

平台。

趋势之三：开展体现多元文化的奥林匹克国际理解教育。

开展国际理解教育，基于"奥林匹克运动的目标——促进人的生理、心理和社会道德的全面发展，沟通各国人民之间的相互了解，在全世界普及奥林匹克主义，维护世界和平"[①]；也基于《奥林匹克宪章》的宗旨——"通过开展与奥林匹克主义及其价值观相一致的体育运动来教育青年，从而为建立一个和平而更为美好的世界做出贡献"。国际奥委会2000年专门委员会在其提交的一个报告中更明确提出："在奥林匹克运动中，普遍性绝不意味着标准和现代化，或文化的单一化，更不是欧洲化或西方化。奥林匹克教育寻求在奥林匹克运动中开发和庆贺文化的多元性。"在探索奥林匹克运动文化多元性的过程中，1998年日本长野奥运会开发了"一校一国"项目，悉尼奥运会上开发了类似的"友谊网络项目"。2001年国际奥委会下发文件，要求从2006年意大利都灵冬奥会开始，每届奥运会的主办城市都要把"一校一国"项目作为奥运会的传统教育项目加以实施。此后，盐湖城、雅典、都

---

① 任海：《奥林匹克运动》，人民体育出版社2005年版，第1页。

灵都结合自身特点开展了"一校一国"活动。①

二、研究和继承2008年北京奥运会和残奥会的公民教育遗产

公民教育是奥林匹克教育的深化。在2008年北京奥运会和残奥会中，举国上下对于奥林匹克运动的态度和参与程度说明了中国传统的思想政治教育已向公民教育延伸。奥林匹克运动所承载的精神价值，成为中国公民教育的重要内容，影响着公民教育的发展。总结和研究北京奥运会和残奥会公民教育的遗产和实践模式，对于在筹办2022年冬奥会和冬残奥会过程中开展和深化公民教育是十分必要的。

（一）北京奥运会和残奥会对公民教育的作用

什么是公民教育？何振梁先生认为："公民教育是培养受教育者成为合格公民的教育，其核心是使每一个公民懂得自己在社会中的权利和义务，懂得如何正确处理人与人、人与社会（集体、民族、国家）、人与自然之间的关

---

① 茹秀英："北京奥林匹克教育中的国际理解教育"，载《教育科学研究》2007年第12期。

系。或者可以概括为养成每一个公民的公民意识、公共精神。"他还认为,体育运动为培养公民意识提供了良好的天然土壤。体育运动中有竞争、有合作,需要勇敢、机智、克服困难的坚毅和勇往直前的精神。我国著名体育教育家马约翰先生早在1926年就提出:"体育是培养一个优秀公民最有趣、最有效、最适当的方法。"他认为,体育对于"培养人的性格——勇气、坚持、自信心、进取心和决心","培养人的社会品质——公正、忠实、自由、合作"具有重要价值。[1]

体育运动特别是奥林匹克运动及其最具规模的表现形式奥运会对公民教育的作用集中体现在三个方面:一是对人自身的和谐发展的作用,包括强健的体魄、健全的心智、完整的人格;二是对人与社会内部和谐的作用,包括强化集体认同感、增强社会凝聚力、缓和与消解内部矛盾;三是对人与自然和谐的作用,包括认识环境问题、培养环保意识。[2]

北京奥运会和残奥会超越政治制度、意识形态、种族肤色、宗教信仰、语言文化、地域大小等差异,使204个国家和地区的16000多名运动员同聚一片蓝天、一面旗帜、一种规则之下,公平竞争,追求卓越。同时,对所有

---

[1] 何振梁:"奥林匹克与青少年公民教育",载《教育科学研究》2006年第7期。
[2] 任海,北京奥林匹克教育网,2007年2月。

国家、所有运动员一视同仁，平等对待，保障所有国家民众参与奥运、服务奥运、享受奥运的平等权利，展现了中国人的平等意识。平等是民主的基本要义，民主法治意识是相对于等级或特权而言的。法国大革命成功后所诞生的《人权宣言》开篇就昭示：人生而平等。我国宪法也明确规定：法律面前人人平等，不论其民族、种族、性别、职业、家庭出身、宗教信仰、教育程度、财产状况如何。法律是维护公民自由、平等权利的保障，是对特权、等级观念的否定。公民在法律面前的人人平等，对法律权威的普遍服从，是法治社会的重要特征，也是法治社会对公民素质的基本要求。平等还体现在每个公民都有平等参与政治生活和社会生活的权利。现代社会民主法制的进步和社会公共性的维护有赖于每个成员对国家政治生活和社会生活的参与。"公众参与政治生活和社会生活不是强制的或被胁迫的，而是基于公民的自由意志和理性判断而进行的实践活动。参与活动并不只注重结果，参与活动本身就是公民活动的意义所在，通过参与的过程，他们实现了作为独立主体的利益表达和权力行使。"[1] 他们不再是游离在政治生活和公共事务之外，只接受政府部门和各种组织的被动管理，而是通过各种渠道和方式把自己的声音传递到政

---

[1] 周怡君："论公共精神是公民社会建设的基石"，载《湖北行政学院学报》2009年第3期。

府部门，传递到决策层，以期影响政府的行为，最大限度地获取个人的利益和自由。作为公民，人们认为不仅政府承担着管理社会公共事务的责任，公民自身对公共生活也具有建言献策和积极行动的义务，对公共部门的不当措施和行为，更有批评、建议、监督的权利。北京奥运会和残奥会满足了公民的知情权、参与权、表达权和监督权，明确和深化了公民的权利意识和义务意识。公民权利与公民义务是一个密不可分的统一体，马克思曾经指出："没有无义务的权利，也没有无权利的义务。"权利与义务是不可分割的两个方面，只有把权利与义务或责任有机地结合起来，才能促进社会的良性发展。"一个健康有序的社会，不仅是一个凸显公民价值与权利的民主社会，也是一个倡导公民参与意识、责任意识的社会。只有所有公民都切实享有公民权利，承担公民的责任，才能促进民主法制进程，推动社会和谐有序的发展。"[①] 2008年北京奥运会推动公民道德建设向科学化、规范化发展，提升了社会公德、职业道德、家庭美德和个人品德水平；北京奥运会使社会参与蔚然成风，对公民而言，付出就是参与、支持就是参与、配合就是参与。志愿服务精神的弘扬是现代公共精神的体现，直接提高了公民意识和社会责任感。奥运会

---

① 班秀萍、李瑞林："公民教育的内涵及其实现途径探微"，载《唐都学刊》2011年第4期。

是奥林匹克运动的集中展现形式,其宗旨是通过没有任何歧视的具有相互理解、友谊、团结和公平竞赛精神的体育活动教育青年,从而为建立一个和平而更美好的世界做出贡献,它的实质就是一种"公共体育精神"。在奥运会中,公共精神集中体现为参与精神和公共体育精神。公共体育精神的核心是理解、友谊、团结、公平竞赛、追求卓越。

总之,公民教育是全球化趋势下中国和世界的必然选择。要实现培育 21 世纪公民的目标,仅靠学校教育不可能完成,还需要与家庭教育、社会教育、自身教育相结合,体育运动包括奥林匹克运动都是进行公民教育、培育公民的有效途径。

(二) 北京奥运会和残奥会公民教育的实践探索

为迎接 2008 年北京奥运会和残奥会,公民教育实践活动开展得广泛而卓有成效。

1. 活动式教育

即通过一系列活动培养公民的平等意识、民主法治意识、权利义务意识、社会公德意识、公共精神和社会责任感。如"新北京、新奥运""我参与、我奉献、我快乐""迎奥运、讲文明、树新风"等活动。

"新北京、新奥运"既是北京申办 2008 年奥运会的主题口号,也是对"绿色奥运、科技奥运、人文奥运"三大理念的高度概括，蕴涵着对北京奥运会的期待。"新北京"是指有3000多年建城史、800多年建都史的北京，经过改革开放的洗礼，以古老和现代交相辉映的形象进入21世纪，以百年圆梦的喜悦和热情欢迎全世界的体育健儿和各界朋友，共同参与奥运会，共享奥运盛典。"新奥运"寓意历经百年沧桑的现代奥运会，来到拥有5000年悠久历史的中国，在占有世界1/5人口的中国举办，将使奥林匹克理想和精神得到更广泛的传播，成为一届有特色、高水平的奥运盛会，并为奥林匹克运动留下独特的遗产。同时，进入新世纪的奥林匹克运动也将以全新的面貌向世界人民展示其特有的魅力。北京以精彩非凡的奥运会和残奥会向世界展现了"新北京、新奥运"的内涵。

"我参与、我奉献、我快乐"倡导社会大众参与奥林匹克运动，使北京奥运会和残奥会成为一届民众参与广泛、影响深远的奥运会和残奥会。人们在参与奥运中奉献奥运，从中获得快乐。奥运会从申办到筹办再到举办，自始至终，中国人民以对奥林匹克的热情全情投入，感动世界。北京市和奥运会协办城市以"我参与，我奉献，我快乐"为口号，开展了"排队日""无烟奥运""文明服务示范窗口""文明观赛"等活动，实施礼仪、环境、秩序、服务和赛场五大文明行动，提升市民的文明素质和城市文明程度。

伴随着体育活动，2008年北京奥运会和残奥会筹办和举办期间举行了丰富多彩的文艺活动。这些文艺活动注重多元文化的展示与融合，为各国文化的交流搭建了互动平台，同时采用中国文化元素，使中国文化借助奥运平台广泛传播。精彩绝伦的奥运会和残奥会开幕式和闭幕式成为集中展示中国古老文化和现代精神的舞台，令世界惊叹！奥运会期间丰富的文化艺术活动，营造了艺术审美的奥运庆典氛围。北京借助举办奥运会的契机，在市民中大力推广学外语活动，为北京奥运会的举办创造有利的语言环境。《北京市民讲外语活动规划（2003—2008）》在2006年被国际奥委会列入人文奥运遗产。同时，北京奥运会志愿者项目2006年10月29日推出"微笑北京"主题活动，倡导社会公众提升文明素质，促进社会和谐。

北京奥运会和残奥会以运动员为中心。为使运动员发挥出最佳水平，北京奥运会前，北京奥组委通过媒体广泛进行社会宣传，发动和支持社会各界开展征集赛会口号、歌曲、道具的活动，在广播电视等大众传媒上普及文明观赛方式，传播、引领赛场氛围。赛时，北京奥运会和残奥会观众服务部门通过发放场馆信息折页，向观众介绍观赛礼仪，并在每个看台安排观赛引导员，引导观众文明观赛，热情、文明、专业地为运动员加油和观看比赛。同时，20万拉拉队志愿者带动广大观众在奥运赛场积极营造文明而热烈的观赛氛围，一流的场馆、一流的赛场氛围激发运动员发挥出最好水平。正如牙买加选手博尔特所说，北京奥运会是他的福地。在北京奥运会上，博尔特获得男子100米、200米、4×100米接力三枚金牌，并全部打破世界纪录，这本身就是一项前无古人的世界纪录。中国国家体育馆鸟巢9万人祝福博尔特22岁生日，齐唱生日歌，令他终生难忘。

再以北京奥运会火炬传递为例：北京奥运会火炬造型为中国传统的纸卷轴，火炬上半部分绘有象征"渊源共生、和谐共融"的中国传统祥云图案，极具中国文化特色，深受世界人民喜爱。北京奥运会火炬传递以"和谐之旅"为主题，"和谐"体现了中国传统文化追求身心和谐、人际和谐、天人和谐的思想，体现了当代中国的发展理念，与奥林匹克精神相契合。北京奥运会火炬接力传递经过五大洲21个境外城市，境内105个城市和地区，历时130天，总行程13.7万公里，火炬手21000多名，是奥运史上传递路线最长、传递范围最广、参与人数最多的一次火炬传递活动。火炬传递在全世界范围点燃了奥林匹克激情、传递了奥林匹克梦想、传播了奥林匹克精神，让更多的人参与到体育运动中来。2008年5月12日，四川汶川发生了8.0级特大地震，地震灾害发生后，火炬传递被赋予了更多的含义，圣火传递与救灾同行。火炬手与沿途民众所展示的抗震救灾的决心和信心，极大地振奋了民族精神，令世界为之感动。

国际奥委会主席罗格在北京奥运会开幕式致辞中特别

感谢北京奥组委和成千上万名志愿者不辞辛劳的工作,他说:"我们处在同一个世界,我们为四川的地震灾难深感悲恸,中国人民的伟大勇气和团结精神使我们备受感动。我们拥有同一个梦想,希望本届奥运会带给大家欢乐、希望和自豪。"为了举办奥运会,广大民众无私奉献,志愿服务精神无处不在,人们在奉献中感受快乐,实现自身价值。北京奥运会共有170万名自愿者,分为赛会志愿者、拉拉队志愿者、城市志愿者、社会志愿者。10万名赛会志愿者在奥运会、残奥会期间为奥林匹克大家庭成员、媒体记者、观众和其他相关人员提供优质的志愿服务。20万名拉拉队志愿者在奥运赛场带动广大观众积极营造"文明、热情、专业"的观赛氛围。40万名城市志愿者在北京奥运会、残奥会期间,在城市重点区域和场馆周边为奥林匹克大家庭成员、观众游客和广大市民提供志愿服务。100万名社会志愿者主要在社会公共场所服务,维护社会秩序。志愿服务精神成为北京奥运会最厚重的遗产。

北京奥运会和残奥会举办一周年之即,国际奥委会的评估报告指出,北京奥运会给中国带来许多益处,尤其在改善公共基础设施方面,至于奥运会的公共卫生遗产,更是"给中国送上了一份经久的大礼"。报告特别指出:"有些好处立竿见影,还有一些将随着时间推移显露出来"。北京通过举办节能环保、有特色、高水平的奥运会,实现了绿色奥运、科技奥运的承诺,联合国环境规划署在其报告中得出结论：北京奥运会履行并且超过了在环保方面的承诺，包括从减少空气污染到改善公共交通以及利用可再生能源等方面。然而北京奥运会和残奥会最宝贵的遗产，还是体现在"人文奥运"方面的成就，北京奥运会和残奥会改变了人们的观念，改善了国民素质，凝聚了中华民族精神，提升了国家形象和国际地位，带给国民更多的自信与自豪，特别是对国家制度和社会发展的自信，对本民族历史和文化的自信和自豪等等。北京奥运会和残奥会在进行公民教育、培育公民意识、提升公民素质方面取得了显著成就。尊重、平等、关爱成为公民处理人与人之间、国家与国家之间关系的自觉行为，为国际社会消除歧视，保障人权做出了贡献。同时公民的权利义务意识得到加强。广大民众自觉走出家门，在所在城市和街道社区为奥运做奉献，很多年轻人通过网络和校园活动倡导绿色生活方式，更多的市民以少开汽车、绿色出行、爱护环境等行为践行"绿色奥运"理念，自觉履行公民义务。170万名志愿者在场馆内外用微笑服务世界，展示了中国公民的国际形象。在倡导社会公德意识方面，奥运组织机构开展了多种服务社会的活动，使公民道德建设呈现新局面。"人文奥运"行动营造了良好的社会风气，推动公民道德建设向科学化、规范化、制度化发展。

"迎奥运、讲文明、树新风"志愿服务行动使北京奥运会公民道德建设迈向新的高度。从2006年起，中国政府和北京奥组委在全国范围内开展了"迎奥运、讲文明、树新风"活动。"迎奥运、讲文明、树新风"志愿服务行动,组织动员广大民众以志愿服务方式积极参与和支持奥运会。这一行动计划规划了六项任务:开展宣传普及文明风尚志愿服务行动、开展赛场文明志愿服务行动、开展窗口行业志愿服务行动、开展平安奥运志愿服务行动、开展改善城乡环境志愿服务行动、开展文明交通志愿服务行动。该行动旨在提高两个文明程度(城乡文明程度、市民文明程度),建立三个机制(精神文明创建机制、未成年人创新评选机制、首都道德楷模评选机制),突出四个重点(赛场文明建设、涉外服务奥运的机构和单位文明风尚建设、奥运会期间媒体采访路线和赛事途经路线软环境建设、主要公共场所和单位的精神文明建设),实施八项行动(文明风尚、赛场文明、窗口行业、平安奥运、文明交通、城乡环境、扶残助残、志愿服务行动)等。[①] 奥运志愿服务行动大大提升了国民对志愿服务的认识。志愿服务体现着公民的社会责任意识,志愿服务发展水平反映着社会文明程度。志愿服务以自愿、无偿为前提,以弘扬志愿精神为核心,能够把服务他人、服务社会与实现个人价值有机结合起来,引导人们在这一过程中陶冶情操,提升境界,倡导爱国、敬业、诚信、友善等公民基本道德,提高

---

① 人民网,http//acwf.people.com.cn/GB/99061/119886/7133768.html。

公民思想道德素质。

2. 制度性建设

北京奥运会和残奥会的申办、筹办和举办，也是北京奥组委和中国人民尊重国际惯例、遵守国际规则、加强相关法制建设、培育公民法治意识的过程。

北京奥组委严格遵守和执行国际奥委会和国际单项体育联合会关于奥林匹克运动会的相关规则和规程，使体育竞赛进入国际规范运行轨道。同时，最大限度地发挥自身主动性，制定符合中国国情的体育竞赛组织运作模式。确立和突出体育竞赛组织在北京奥运会筹办工作中的中心地位，统筹规划，建立高效有序的工作体制和机制，与国内外体育组织和奥组委各部门紧密联系，确保体育竞赛组织工作顺利进行。2003年上半年，北京奥组委与京外赛区城市青岛、上海、天津、沈阳、秦皇岛市人民政府签署原则协定，确定了相关各方的权利和义务，以确保各赛区的筹办工作有效地顺利进行。

北京奥组委建立了符合中国法律法规和国际惯例的奥运法律服务体制和监督保障机制。通过奥运立法出台了为筹办北京奥运会和残奥会提供支持、保障和服务等方面工作有关的各种法规、规章和规范性文件，为举办奥运会提供了基本法律保障。在国务院的领导和支持下，北京市人大常委会、市政府积极开展奥运立法工作。自2001年申奥成功以后，与奥运直接相关的立法，主要包括奥林匹克知识产权保护、无障碍设施建设和管理、反兴奋剂条例、大型社会活动安全管理、无线电管理、志愿服务条例、食品安全、新闻采访、公共场所禁烟等法律规章制度。如，北京市人民政府2001年10月颁布《北京市奥林匹克知识产权保护规定》、国务院2002年2月颁布《奥林匹克标志保护条例》、国务院2006年11月颁布《北京奥运会及其筹备期间外国记者在华采访规定》等法规。北京奥组委还配合地方政府大力开展奥运普法宣传和教育活动，让奥运主题的法规走进寻常百姓家。奥组委法律事务部在奥组委的网站、新闻发布会、文化活动、宣传出版物及工作人员培训中，广泛普及与奥运有关的法律规章制度，不断加强北京奥运会和北京奥组委的法制环境建设。不断加强北京奥运会和残奥会的法治环境建设，培育政府、企业事业单位、社会组织和公民的规则意识和法治意识。[1]

总之，为迎接北京奥运会和残奥会进行的公民教育实践极大地提升了公民素质。中国人民大学人文奥运研究中心进行的调查显示，北京市"市民公共行为文明指数"（包括公共卫生、公共秩序、公共交往、公共观赏、公共参与等五个方面指数）连续三年上升，2005年为65.21，

---

[1] 第29届奥林匹克运动会组织委员会：《北京2008奥运会总结报告第三卷：走向成功 北京奥运会组织运行工作报告》，北京体育大学出版社2010年版，第116页。

2006年为69.06，2007年为73.38。① 随着中国和世界政治、经济、文化、社会、生态的发展，中国人的公共生活领域在拓展，公共文明水平提升仍有很大空间，而公共文明是公民意识的基础。因此在迎接北京冬奥会和冬残奥会过程中应继续进行公民教育实践活动，逐步将其引向深入。

（三）持续北京奥运会和残奥会公民教育的创新行动

北京奥运会和残奥会以创新精神贯彻奥林匹克精神，开展奥林匹克教育的部署。其中若干颇具特色的行动值得充分肯定，并应在筹办2022年冬奥会和冬残奥会中得以延续，不断光大。

从奥运会上百年的历史看，各举办城市的奥林匹克教育内容在不断丰富，教育形式在不断拓展，逐步形成了各具特色的奥林匹克教育模式。2008年北京奥运会也以自身的活力和创新力，形成了具有中国特色的奥林匹克教育的"北京模式"。有学者概括"北京模式"体现在四个层面。其一，建设和命名"北京2008奥林匹克教育示范学校"多达556所，使奥林匹克教育进入新的教育领域，寻求了全新的发展空间。其二，在北京地区普遍开展奥林

---

① 刘晓鹏："奥运提升中国公共文明"，载《人民日报》2008年9月10日，第13—16版。

匹克交流活动。不仅学校、奥委会、相关主体之间开展交流，而且融合文化、体育、教育、宣传等各行业共同行动，营造了浓厚的人文奥运氛围。其三，成功地将奥林匹克教育纳入学校教育体系之中，初步形成了"以校为本"的奥林匹克教育模式，在学校教育的方方面面呈现奥林匹克精神。其四，各行政部门高度关注，支持开展奥林匹克教育研究和专业老师培训，出台规划计划，给予政策支持，予以贯彻落实。① 这种多层面、全方位推进奥林匹克教育的模式，为筹办2022年冬奥会提供了可参照的经验。

1. 北京2008奥林匹克教育计划

"奥林匹克价值观教育计划"（OVEP）是国际奥委会于2007年正式启动的在青少年中普及和推广奥林匹克价值观的宏伟计划，使奥林匹克教育重心从"奥运会"转向"奥林匹克价值观"，至今已进入全球拓展阶段。2005年北京奥组委启动了《北京2008中小学生奥林匹克教育计划》，同OVEP有极大的相似之处。

该计划的指导思想是：紧密围绕"有特色、高水平"的奥运会工作目标，全面贯彻"绿色奥运、科技奥运、人文奥运"三大理念和"同一个世界、同一个梦想"的宣传主题，把奥林匹克教育同培养青少年综合素质，推动中

---

① 张月恒："出发与归宿——2022年冬奥会奥林匹克教育模式构建着力点"，载《体育科技》2018年第5期。

小学体育运动，弘扬奥林匹克精神、国际主义精神和爱国主义精神，加强未成年人思想道德教育相结合，努力为北京奥运会的成功举办营造良好的人文氛围，形成具有中国特色的奥林匹克教育遗产。[①] 其主要内容有：将奥林匹克教育纳入学校常规教育教学工作、开展奥林匹克主题教育活动、开展"同心结"国际交流活动、建设"北京2008奥林匹克教育示范学校"、组织开发奥林匹克教育课程资源、加强奥林匹克教育研究。计划启动后，有关部门连续举办了六届奥林匹克文化节，还组织了多项有中国特色的体育文化主题活动，出版发行了11册中小学课程教材，为奥林匹克价值观走进校园提供了大量鲜活实例和资源。

2. 建立"奥林匹克示范校"，并进行国际理解教育的"同心结"活动

奥林匹克教育示范校是以学校为组织，通过校内的课程建设、教材建设、学生活动等传播奥林匹克精神，加强学校体育工作。北京奥组委和教育部联合各省级政府共同建设和命名了556所奥林匹克教育示范学校。在北京，有200所"北京2008奥林匹克教育示范学校"，成为广大中小学开展奥林匹克教育的典范。各校开展了丰富多彩的活动，如双语演讲、摄影绘画比赛、综合运动会等，把奥林匹克教育与新课程改革的学科教学相结合，定期开设"奥

---

① 《北京2008奥林匹克教育计划》。

林匹克教育课";各类文体活动突出"重在参与",改造原有的体育和德育教育内容;增开国际多元文化课程。教育部和奥组委向全国中小学校赠送了110多万册北京奥运会中学生读本和小学生读本,向40多万所中小学赠送了奥林匹克知识挂图。

为在国际范围内传播和交流奥林匹克精神,1998年日本长野冬奥会创造了"一校一国"形式,国际奥委会要求此后各国把它作为传统教育项目来实施。北京奥林匹克教育在汲取各国"一校一国"成功经验基础上,由北京奥组委和教育部共同策划了"同心结"国际交流项目,首次纳入到各校的日常国际理解教育之中。"同心结"的具体目标是:通过交流学习国外的文化、语言、习俗,了解种族、宗教、政治差异,形成从全球视野观察事物的世界观;直接与结对学校学生和结对国家运动员交流,学会尊重、关心他人,学习身心和意志均衡发展的生活哲学;直接为奥运会服务,让学生体验奥林匹克精神和文化,提高国际交往综合素质和实践能力。[①] "同心结"活动为中国和世界留下了宝贵的奥林匹克教育遗产。

[①] 茹秀英:"北京奥林匹克教育中的国际理解教育",载《教育科学研究》2007年第12期。

三、2022年冬奥会和冬残奥会公民教育对策

（一）深化奥林匹克教育，重视公民教育

我国历来重视学校德育，重视对青少年进行全面的素质教育。固然，随着学生年龄的增长和视野的开阔，德育的内容和要求也会不断拓展和深化。但德育的底线目标是公民教育，引导学生如何做合格公民，树立主体意识、公民权利义务意识、公平正义意识、社会公德意识，具有公共精神和社会责任感。国家是由公民组成的，没有合格的公民，谈何国家的和谐、稳定与发展？我国在筹办2022年冬奥会和冬残奥会的过程中，政府已做出部署，并出台了若干规划，其中很多内容都涉及提高公民素质，建设文明社会。建设文明社会，必须落实在提高公民素质上，由高素质的公民去实现。缺乏公民教育，精神文明建设和文明社会建设就没有保障。那么，具体有哪些举措？

1. 政府运作，规划部署

（1）中央支持，决策指示

筹办2022年冬奥会和冬残奥会是中国面临的一件大事，具有深远的影响。中央对此高度重视，多次做出高屋

建筑的指示。如：2015年11月在第24届冬奥会工作领导小组第一次全体会议上，习近平总书记强调：坚持绿色办奥、共享办奥、开放办奥、廉洁办奥。确保把北京冬奥会办成一届精彩、非凡、卓越的奥运盛会。李克强总理2015年8月21日会见国际奥委会主席巴赫时表示：中国的改革开放促进了经济社会发展，也带动了体育事业不断壮大。当前广大人民群众对健康生活方式的追求日益提高。中国政府希望通过发展体育运动，包括繁荣体育产业和举办各类体育赛事，提高全民族的健康水平，更好满足人民群众的体育消费需求，为全社会特别是青年人增添奋斗向上的动力。李克强强调，中国政府将信守申办2022年冬奥会所作承诺，在全国人民支持下，同国际奥委会等密切配合，办出一届节俭、可持续的冬奥会。[①]

2019年1月31日习近平主席在人民大会堂会见国际奥林匹克委员会主席巴赫。习近平赞赏巴赫和国际奥委会长期以来积极支持中国奥林匹克运动和体育事业发展，并通过体育和奥林匹克运动促进世界和平与发展。习近平强调，全民健身运动的普及和参与国际体育合作的程度，也是一个国家现代化程度的重要标志。中华人民共和国建立70年来，中国人民的健康素质有了很大提高。中国从过去未能参加奥运会，到现在已成为许多奥运项目中的佼佼

[①] "李克强会见国际奥委会主席巴赫"，载《人民日报》2015年8月23日。

者，这是中国国运、国力发展的重要体现。普及冰雪运动，增强人民体质与中国实现"两个一百年"奋斗目标也是契合的。举办北京冬奥会还将为中国加强体育国际合作提供新的机会。①

2019年2月1日，习近平来到位于北京石景山首钢园区的北京冬奥会展示中心、北京冬奥组委办公区和国家冬季运动训练中心，考察北京冬奥会和冬残奥会筹办工作，看望慰问北京冬奥组委工作人员、运动员、教练员。他表示，办好北京冬奥会、冬残奥会，是党和国家的一件大事。要全面落实绿色、共享、开放、廉洁的办奥理念，充分考虑场馆的可持续利用问题，高标准、高质量完成各项筹办任务。他深情地说，举办北京冬奥会、冬残奥会来之不易、意义重大，同实现"两个一百年"奋斗目标高度契合，给新时代北京发展注入了新的动力。北京将成为国际上唯一举办过夏季和冬季奥运会的"双奥城"。我们要言必信、行必果，扎实工作，步步为营，要拿竞技奖牌，也要拿精神奖牌、廉洁奖牌，兑现向世界做出的庄严承诺。举办冬奥会是推进京津冀协同发展的重要抓手，必须一体谋划、一体实施，实现北京同河北比翼齐飞。他强调，体育强则国家强，国家强则体育强。发展体育事业不仅是实现中国梦的重要内容，还能为中华民族伟大复兴提

---

① "习近平会见国际奥委会主席巴赫"，载《人民日报》2019年2月1日。

供凝心聚气的强大精神力量。我们要弘扬中华体育精神，弘扬体育道德风尚，推动群众体育、竞技体育、体育产业协调发展，加快建设体育强国。[①] 2022 年冬奥会和冬残奥会组织委员会、北京市、张家口市以及中国残疾人联合会、北京残疾人联合会、河北省残疾人联合会等正在贯彻实施中央的决策部署，积极筹备 2022 年冬奥会和冬残奥会。办好 2022 年冬奥会和冬残奥会不仅是北京市和张家口市履行对国际社会、国际奥委会的承诺，也是全体中国人民的共同心愿。

（2）公众参与，共享办奥

2015 年 11 月习总书记对办好北京冬奥会做出指示："坚持共享办奥，积极调动社会力量参与办奥，提高城市管理水平和社会文明程度。"中国在第 24 届冬奥会《申办报告》中也强调了"更强的公众参与度"这一项："促进冬奥会与人的发展相结合……推动奥林匹克理念和价值观广泛传承，在中国 13 亿公众中弘扬奥林匹克运动可持续发展理念，激励公众养成积极、健康和文明的生活方式。"[②] 公众参与奥运会，是进行公民教育的实践途径。

据历届奥运会经验和相关研究，北京冬奥会公众参与

[①] "习近平考察北京冬奥会和冬残奥会筹办工作"，北京冬奥组委官网，2019 年 2 月 2 日。

[②] 北京冬奥会申办委员会：《北京 2022 年冬季奥运会和残奥会申办报告》（第一卷），北京体育大学出版社 2015 年版。

可包含以下方面：一是将体育、教育和文化融为一体，通过一系列活动吸引公众广泛参与。二是实施大众冰雪运动参与计划，推动公众的体育参与，促进全民健康。三是通过可持续性改变，创造奥运会遗产。四是推广北京冬奥会赛事品牌，如五环标志、会旗、会歌、吉祥物、许可纪念品等。通过公众参与奥运会标识设计，推广冬奥会标识纪念品，让更多公众获得参与感。五是倡导志愿服务，引导公众参与志愿服务，并使之常态化。六是参与和观看冬奥会火炬传递，支持冬奥。七是做好票务工作，让更多公众作为持票观众观看比赛，获得体验，参与其中。[①] 以上公众参与的活动有的正在实施推进，有的已经纳入筹办计划。

（3）出台《北京2022年冬奥会和冬残奥会中小学生奥林匹克教育计划》

《北京2022年冬奥会和冬残奥会中小学生奥林匹克教育计划》是为贯彻中央关于冬奥会筹办工作精神，弘扬奥林匹克精神，推动冰雪运动普及，全面实施素质教育，建设健康中国，实现中华民族伟大复兴的中国梦制订的。由教育部、国家体育总局、北京冬奥组委于2018年1月30日印发并实施。其指导思想是："按照'共同参与、共同

---

① 李佳宝："北京冬奥会公众参与前瞻"，载《河北体育学院学报》2018年第5期，第26—28页。

尽力、共同享有'的要求,坚持因地制宜、科学布局、统筹协调、广泛参与的原则,推广普及奥林匹克和冬季运动知识,以奥林匹克精神感染和带动中小学生,开展爱国主义、集体主义教育,提高中小学生东道主意识,夯实青少年冬季运动基础,增强中小学生体质,传播积极健康的生活方式,引领健康学习生活新时尚。"[1] 提出以下主要任务:一是将奥林匹克教育纳入学校常规教育教学工作。二是开展冬季奥林匹克教育文化活动,包含冬季奥林匹克系列普及推广活动——在东北、华北和西北地区,开展冰雪运动进校园系列活动,组建冬奥宣讲团,在校园内开展冬奥知识宣讲,组织学生与冬奥冠军互动,开展体验学习、奥林匹克教育大课堂、冬季奥林匹克教育周、冬季奥林匹克教育日、冬季奥林匹克教育主题班队会、冬令营、冬季奥林匹克融合教育等多种主题教育活动,普及冬奥会知识,宣传奥林匹克精神。组织中小学生积极参与征集吉祥物、火炬、口号等文化宣传活动以及火炬传递、倒计时等重要节点文化活动,扩大影响力,还包含冬季奥林匹克系列艺术活动。三是开展冬季运动项目系列比赛活动。四是建设北京 2022 冬奥会和冬残奥会奥林匹克教育示范学校、特色学校,2020 年全国中小学校园冰雪运动特色学校达

---

[1] 教育部、国家体育总局、北京冬奥组委:"北京 2022 年冬奥会和冬残奥会中小学生奥林匹克教育计划",中华人民共和国教育部网站,2018 年 2 月 2 日。

到 2000 所，2025 年达到 5000 所，鼓励各地方分批次建设"北京 2022 冬奥会和冬残奥会奥林匹克教育示范学校"，计划在全国中小学范围命名 700 余所，其中北京 200 所，河北 200 所。五是开展冬季奥林匹克交流活动，如推进"同心结"学校建设工程、组织学生参与奥林匹克青年营活动。六是组织冬季奥林匹克教育课程资源研发。七是加强冬季奥林匹克教育研究。

为落实《北京 2022 年冬奥会和冬残奥会中小学生奥林匹克教育计划》，教育部、北京冬奥组委等部门在 2019 年成立"北京 2022"奥林匹克教育工作协调小组；组建全国校园冰雪运动专家委员会、全国中小学奥林匹克教育专家委员会和奥林匹克教育宣讲团；协调中国大体协、中体协成立冰雪项目协会；制定"同心结"学校实施方案；筹备制定《冰雪运动中小学教学指南》，开展一系列特色活动。[①]

（4）发布《北京 2022 年冬奥会和冬残奥会无障碍指南》

2018 年 9 月 7 日，按照《主办城市合同》、国际奥委会和国际残奥委会相关要求，北京冬奥组委公布了《北京 2022 年冬奥会和冬残奥会无障碍指南》。《指南》的编制

[①] "北京 2022 年冬奥会奥林匹克教育全国工作会议召开"，新华社客户端，2015 年 1 月 28 日。

全面落实绿色、共享、开放、廉洁的办奥理念，遵循"公平、尊严和适用"的基本原则，以安全性为首要出发点，体现通用性设计理念，完善无障碍细节要求，同时适应本国特点，加强了信息无障碍、服务无障碍等薄弱环节，特别是突出无障碍环境的系统性、连贯性，促进形成闭合的无障碍环境。《指南》包括总则、技术规范、信息无障碍、场馆和运动员村无障碍设计、城市无障碍设施、无障碍交通、社会环境与服务无障碍、无障碍培训、赛事运行无障碍等内容。其计划形成的无障碍标准，将为赛后持久、可持续利用留下宝贵遗产，为推动提升我国的无障碍环境水平做出应有贡献。这充分体现了奥林匹克"无歧视"原则，有助于提升公民的公平公正意识。

2. 主办赛区，积极行动

（1）北京在行动

北京已出台《2022年冬奥会和冬残奥会北京市筹办工作任务书》，有12大类209项具体任务，并落实了主责单位、配合单位、冬奥组委联系部门。与开展奥林匹克公民教育相关的任务如下：[①]

其一，有序推进奥运会服务工作。旨在通过参与服务提高公民意识。

一是，配合冬奥组委制定冬奥运村（冬残奥村）服务

---

① 参考《2022年冬奥会和冬残奥会北京市筹办工作任务书》。

团队的人员招募和培训计划。

二是，编制北京冬奥会和冬残奥会观众及社会公众公共交通出行指南、交通安全手册、无障碍交通出行手册。

其二，精心创作好开幕式、闭幕式。吸引公众广泛参与，传承奥林匹克理想，传播奥林匹克精神和举办国历史文化。

配合北京冬奥组委调动社会各界的积极性，挖掘、融合社会资源，从整体效果的需要出发，集思广益，群策群力，取长补短，兼容并蓄，共同做好开幕式和闭幕式筹备工作。

其三，全面加强北京冬奥会和冬残奥会的宣传推广。涉及各领域、多举措的宣传推广活动无疑是进行奥林匹克教育和公民教育的有效途径。

志愿行动方面：

一是，落实冬奥青少年行动计划，组织"相约冬奥"等国际交流行动，开展"助力冬奥""奉献冬奥"等文明志愿行动，进一步带动青少年参与冰雪运动、服务冬奥筹办。

二是，抓紧制定志愿者工作总体计划、招募战略和具体方案，统筹好赛会志愿者、城市志愿者、社会志愿者的工作布局。

三是，启动前期志愿者招募和培训工作，培养一支骨干志愿者队伍，广泛开展志愿者宣传和培训工作，发挥相关高校、社会组织的人才智力优势和组织动员优势，形成志愿服务合力。

媒体宣传方面：

一是，统筹各级各类媒体资源，开设专题专栏，深入挖掘冬奥故事和鲜活事例，紧紧围绕"四个办奥"理念，筹办重点工作、冬奥知识普及、促进协同发展等内容，制定宣传计划和实施方案，加强冬奥宣传推广。

二是，落实好国家新闻出版广电总局《关于大力推进北京冬奥会有关工作的意见》，配合筹办工作形成实施方案，着力做好冬奥主题的出版物和影像开发工作，推出一批高水平的优秀作品。

三是，深入实施"共享冬奥"行动计划，全面开展冬奥主题展览和宣讲，广泛推动冬奥知识和冰雪运动进机关、进学校、进社区，在电视、报纸开设专题栏目，介绍冬奥知识和观赛知识。

公德文明建设方面：

一是，落实冬奥会社会文明行动计划，推动冬奥宣讲进机关、进社区、进学校。

二是，推动首都文明建设，围绕服务冬奥筹办，深化文明城区、文明村镇、文明单位、文明校园和文明家庭创建工作，广泛开展礼让、环保、遵守秩序、文明旅游、禁烟等公共文明引导行动，增强市民群众道德意识、文明意识、主人意识，提高城市文明水平。

三是，提升社会文明程度，创造丰厚的社会遗产，从弘扬志愿服务精神、机制体制创新、建设包容社会、促进国际交流与合作方面留下遗产。

公平共享方面：

一是，开展残奥会教育计划，组织残奥冰雪嘉年华活动和国际残奥学校日活动，通过设立残奥运动示范校、举办青少年冬令营、冬残奥知识大赛等方式，推动冬残奥项目和残奥精神的普及和传播。

二是，在全社会大力弘扬人道主义精神，宣传普及残健融合理念，引导社会各界更加关注、了解、尊重残疾人群体。

2018年7月，北京发布《关于实施北京2022年冬奥会和冬残奥会北京市中小学生奥林匹克教育计划的意见》，提出：将在特教学校开设冬奥运动项目课程，开展奥林匹克主题教育，平均每月不少于3课时；2021年前将建400所冬奥相关示范校和特色校；设立"同心结"学校；组织编写《北京市中小学生冰雪运动项目教学指南》、中小学生《奥林匹克知识读本》等出版物及配套光盘。北京市还将开展百万青少年迎冬奥系列普及推广活动。高等院校专家进行冬奥教育研究工作，形成具有中国特色的冬奥教育遗产。冬奥会期间，"同心结"学校的学生将到奥运村，迎接结对国家或地区的运动员，并在赛场上为他们加油。此外，冬奥会期间还将举办以各国初中学段学生为主体的奥林匹克青年营。

（2）北京延庆区在行动

2018年9月19日，2018国际冬季运动（北京）博览会在国家会议中心开幕。作为冬奥会三大赛区之一的延庆，连续第三次亮相冬博会。冬博会延庆分会场活动在八达岭长城精彩上演，成为一大亮点。来自体育、金融、冰雪行业的200余位嘉宾共商未来延庆冰雪产业的发展，见证"冰雪力量，点亮延庆未来"。随着冬奥会的临近，延庆区抓紧冬奥会带来的发展机遇，立足北京，面向国际，将延庆打造成"冬奥冰雪之城"。未来的延庆，要以筹办冬奥为契机，通过生态与产业、城市、人要素的融合，实现高质量发展。

延庆区抓住冬奥会契机，为教育改革发展注入动力。2018年冬季，各大雪场人潮显现，其中很大一部分是延庆44所中小学校学生。区教委主任说："延庆是北京冬奥会的主场，我们要抓住这个契机挖掘出地方教育新的增长点。为教育改革注入新动力。"自2014年起，延庆区教委就抓住机会，整体推进奥林匹克教育，确定了"一三三一"整体推进思路。即在教育系统实施一项"十百千万工程"：未来十年举办百项与冬奥有关的主题活动，宣传千项冬奥知识，培养万名掌握冰雪运动技能的学生；落实三项行动任务：在全区青少年中传播奥林匹克思想、普及冰雪运动知识、培养冰雪运动技能；通过宣传教育、主题活动、冰雪运动这三条途径加以推进冰雪运动；还要建设一批冰雪特色学校。在这一思路下，2017年延庆区做到了学校参与冬奥主题活动的师生冬奥会知识普及全覆盖。在全区3万多名师生学习、生活中，在千百间教室里，奥林匹克教育随处可见。

延庆区还注重发挥榜样的示范教育作用。在韩国平昌冬残奥会赛场上，延庆区中国运动员陈建新和队友勇夺轮椅冰壶金牌，向世界展现了当代中国人的精神风貌，成为延庆人的骄傲。延庆区残联正借助筹办冬残奥会之机，弘扬榜样力量，动员残疾人走出家门，勇于挑战自我，推动延庆残疾人事业发展。

（3）河北张家口在行动

北京携手张家口申办2022年冬奥会成功，张家口由此站在世界舞台上，以崭新的姿态与世界接轨。目前张家口一个随处可见的现象，就是全民学英语，将英语学习与服务奥运、参与奥运结合。张家口市民都有一个共同的心愿：努力学习外语，做合格的东道主。

北京2022年冬奥会和冬残奥会组织委员会已下发关于《建设首批北京2022年冬奥会和冬残奥会培训基地》的通知。清华大学、北京大学等11家单位被确定为首批北京2022年冬奥会和冬残奥会培训基地。张家口学院位列其中，也成为河北省首家获批单位。张家口学院为了更好服务冬奥会，培育学校办学特色，制定了《关于服务冬奥培养办学特色的实施意见》。坚守"服务冬奥育特色，培养人才兴冰雪"的理念，培养懂滑雪、懂外语、懂礼仪、懂文化、懂急救的"五懂"复合型冰雪人才，培养大批应用型人才和高素质奥运志愿者。

2018年11月27日，"激情冰雪、助力冬奥"张家口市教育系统冰雪运动全覆盖暨第二届万名中小学生冰雪体验活动在河北崇礼启动。这是张家口市教育局主动作为、担当实干的一个缩影。此前，已组织奥林匹克会旗到72所学校进行巡展；面向全市中小学生组织了"我心中的冬奥吉祥物"主题征集活动；组织专家深入学校试点开展奥林匹克知识进校园大讲堂活动，将冰雪运动知识教育纳入学校校园文化。通过主题班会、校园广播、校报校刊、播放宣传片等，普及冬奥会知识和观赛常识。开展"双百双万"活动，即通过在省教育厅培训的100所中小学校的100名体育老师的宣讲活动，让奥运文化点燃1万名学生，带动1万个家庭，激发学生和家庭参与冬奥会的热情。

3. 齐抓共管，多措并举

筹办2022年冬奥会和冬残奥会是全民的大事，开展奥林匹克教育和公民教育也需要各行各业采取多种举措来推动。

（1）教育领域

遵循国际奥林匹克教育将青少年作为主要对象的趋

势，北京冬奥教育也将青少年作为重点。青少年时期是形成正确的世界观、人生观、价值观的重要时期，加强青少年民主与法制意识、权利与义务意识、社会公德意识、公共精神和社会责任感教育，对于青少年一生的成长都将奠定良好基础。2008年北京奥运会激发青少年将国家意识、社会责任意识内化为自身价值观，认同社会规范，明确自己的权利与责任，并提供了有形的社会公德教育和个人品德教育。这正是筹办冬奥会所应当坚持的方向，也越来越成为社会共识和教育领域的时代任务。

2018年下发了《教育部办公厅关于做好全国青少年冰雪运动特色学校及北京2022年冬奥会和冬残奥会奥林匹克教育示范学校遴选工作的通知》。其工作目标是："通过特色学校和示范学校遴选，树立一批冰雪运动教育教学工作的先进典型，推动广大青少年普及冰雪运动，促进青少年对冬奥会和冬残奥会项目知识的了解和兴趣的培养，不断丰富体育教学活动内容，构建具有中国特色的冰雪运动教学、训练、竞赛和条件保障体系，传播积极健康的生活方式和包容性发展理念，夯实冬季运动青少年基础，增强青少年体质。到2020年，计划遴选出2000所特色学校，到2025年计划遴选出5000所特色学校和700余所示范学校。"①

《北京 2022 年冬奥会和冬残奥会奥林匹克教育示范学校基本要求》也强调:"将冬季奥林匹克教育纳入学校体育教学内容,通过综合实践活动课程、体育课程、德育活动等方式,开展冬季奥林匹克主题教育。""把冬季奥林匹克教育作为立德树人的载体,推动青少年对冬奥会和冬残奥会项目知识的了解和兴趣的培养,积极推进素质教育,促进学生全面发展。"②

《2022 年冬奥会和冬残奥会北京市筹办工作任务书》要求多部门共同"认真落实冬奥会中小学生奥林匹克教育计划,广泛开展校园冬奥主题活动,弘扬奥运精神,传播冬奥知识。""开展残奥会教育计划,组织残奥冰雪嘉年华活动和国际残奥学校日活动,通过设立残奥运动示范校、举办青少年冬令营、冬残奥知识大赛等方式,推动冬残奥项目和残奥精神的普及和传播。"③

(2) 体育领域

2018 年两会期间,李克强总理在《政府工作报告》中提出,支持社会力量增加对体育服务的供给,做好北京

---

① "教育部办公厅关于做好全国青少年冰雪运动特色学校及北京 2022 年冬奥会和冬残奥会奥林匹克教育示范学校遴选工作的通知",中华人民共和国教育部网站,2019 年 1 月 10 日。

② "北京 2022 年冬奥会和冬残奥会奥林匹克教育示范学校基本要求",张家口市教育局网站,2019 年 3 月 12 日。

③ 参考《2022 年冬奥会和冬残奥会北京市筹办工作任务书》。

冬奥会、残奥会的筹办工作。2019年《政府工作报告》中强调:"广泛开展全民健身活动。扎实做好2020年奥运会、残奥会备战工作,精心筹办北京冬奥会、冬残奥会。人民群众身心健康,社会就充满活力,国家就繁荣兴旺。"[①]可见,政府工作报告把全民健身、人民群众身心健康提到了社会、国家层面,给予高度关注。举办奥运会是一个国家体育实力的象征。北京举办冬奥会有助于实现我国由体育大国向体育强国的转变,向世界展示中国风采。对于公民而言,奥运场馆为公众提供了运动场所,健体强身;赛事的直播使公众获得了参与体验;奥运健儿作为榜样,有益于青少年树立奋勇拼搏、为国争光的理念;公众的积极参与,提升了社会公德水准。人民群众身心健康,积极向上,是实现伟大中国梦的坚实基础。

作为北京奥运会的遗产,2009年设立的"全民健身日"在过去几年里使全民健身观念深入人心,辐射效应正在放大。几年来,全国经常参加体育锻炼的人数不断增加,各类体育场地超过100万个。全民健身被赋予更丰富的内涵。冬奥会对于举办地的重大意义之一,就是培养公民的体育兴趣,提高公众参与体育运动的热情,使奥林匹克精神发扬光大。2022年冬奥会正在走来,它将不仅仅

[①] "李克强:2019年政府工作报告",中国政府网,2019年3月18日,www.gov.cn。

是一届成功的冬奥会，更重要的是把北京奥运会留下的精神遗产发扬光大，塑造出更多的现代社会公民。为此，《2022年冬奥会和冬残奥会北京市筹办工作任务书》就"加快冰雪运动普及发展"明确了多项任务。

（3）文化领域

奥运会对于举办国的文化发展具有巨大的促进带动作用，而文化元素又会对公民的意识、行为产生潜移默化的影响。例如：2015年7月31日，北京获得2022年冬奥会举办权。北京冬奥申办委员会制作了4部宣传片，成为申办陈述会上的亮点。这4部宣传片是：《紫气东来》《万事俱备》《江山代有人才出》《不虚此行》。它们体现了中国普通公众对冬季体育的热情，突出了中国国泰民安的社会景象，展现了中国对国际友人的友好热情，赢得了评委们的赞许。同时，展现了人类共同的情感——仁爱、平等、友好、和谐，引发公众的共鸣，获得广泛的心理认同。

2018年6月9日，国家艺术基金——面向冬奥会的艺术与科技人才培养项目启动仪式暨论坛，在清华大学美术学院举行。项目将实现清华大学服务科技冬奥的整体规划，孵化高水平的艺术与科技融合的冬奥创新项目，打造艺科跨界融合的冬奥新生态。论坛使大家更加了解了国家推动体育文化的需求与举措。项目要求：不忘初心，加强体育文化建设与研究，最终提高国民的综合素质。

为了充分发挥文化在奥林匹克教育中的作用,《2022年冬奥会和冬残奥会北京市筹办工作任务书》规划:

一是,围绕奥林匹克文化活动计划,结合冬奥会和冬残奥会吉祥物、口号、火炬、歌曲等发布,加强主题策划,充分利用新媒体平台,在全市开展广泛的宣传和文化活动,不断掀起参与冬奥热潮。

二是,每年夏季举办奥运体育文化节,冬季举办国际冰雪文化节。奥运会前,举办国际冰雪运动摄影展、奥林匹克音乐盛典、冬季奥林匹克运动史等各具特色的庆典活动。

三是,将冬奥文化、冰雪文化、长城文化融入首都城市文化建设中,充分展示首都文化魅力,服务全国文化中心建设。[①]

(4)媒体宣传

在筹办冬奥会和冬残奥会的过程中,媒体宣传始终是重头戏。《2022年冬奥会和冬残奥会北京市筹办工作任务书》对此策划了多项任务,正在全力推进。同时,一些新的宣传展示渠道和平台也正在涌现和发挥作用。如2019年2月位于北京冬奥组委办公区的北京冬奥会和冬残奥会展示中心正式亮相。展示中心共3层、4个展厅、3300平方米。它按照北京、延庆、张家口3个赛区约1∶9000比

[①] 参考《2022年冬奥会和冬残奥会北京市筹办工作任务书》。

例的沙盘模型，配合视频和声光电技术，全方位、立体式展示北京冬奥会的筹办工作。而为了进一步扩展国内外奥运和体育资源，全面做好冬奥会和冬残奥会筹办以及北京作为夏季奥运会和冬季奥运会双奥之城建设的宣传工作，2019年5月10日，冬奥会倒计时1000天，北京广播电视台冬奥纪实频道正式开播。这一新的传播平台有助于普及奥林匹克知识，特别是冬季奥林匹克知识，传播奥林匹克理想，传承奥林匹克精神，也有助于社会大众形象了解冬奥会带动3亿人参与冰雪运动的发展情况，以及国际奥委会和北京冬奥组委向世界传播的声音，能更加生动地吸引公众关注冬奥会、支持冬奥会、参与冬奥会。

在筹办奥运过程中，媒体发挥着提供认知渠道和平台、引领社会风尚的作用。目前，新媒体的快速发展已成为国际奥委会改革的亮点。越来越多的各国公众通过新媒体分享奥运体验，参与奥运互动。新媒体在传播与教育中具有积极作用：传播内容更加丰富，使全民共享、全民参与成为可能；使认识更加广阔，奥林匹克价值观得以全方位表达；拉近公众与运动精英的距离，更好地发挥他们的榜样作用。如何发挥主流媒体与新媒体在冬奥会筹办中的宣传教育作用，已经纳入相关计划和任务书之中。

4. 残健融合，推进公民教育

2008年北京残奥会的成功举办举世瞩目，展现了各国残疾人自强、自立、自信的风采，改变了社会大众的传统观念，树立了平等参与、残健融合的社会风气，推动了全社会残疾人事业发展。这是我国进行公民教育难得的机遇。

此次筹办2022年冬奥会和冬残奥会又一次提供了深化公民教育的实践机会。中国残联、北京市残联、河北省残联等抓住这一机遇，力争振奋残疾人的精神，树立残疾人参与冬奥、共享冬奥、奉献冬奥、融合冬奥的形象，继续在全社会营造尊重残疾人、关心残疾人的良好氛围。

为全力做好冬残奥会的相关工作，北京市残联已制订了《北京市残联冬残奥会行动计划（2019—2022年）》。其中与公民教育紧密相关的内容见诸于以下方面。

（1）基本原则

其一，树立以"残疾人为中心"的思想，确保广大残疾人在冬残奥行动中有参与感、获得感。

其二，坚持多方协调推进，充分发挥社会力量和市场机制作用，调动专门协会、助残组织、爱心企业等参奥办奥。

其三，坚持创造残奥遗产，为推动社会文明进步提供更充实的残奥理念。

（2）主要任务

加强宣传文化建设方面：

按照"适时适度、持续扩面、逐步升温"的要求，开展有吸引力和针对性的宣传文化工作，利用各种宣传形式和文化载体，在全社会范围推动冬残奥会运动和残奥精神的普及和传播，不断挖掘拓展冬残奥会的价值理念和文化内涵，全面提升社会关注度和影响力。

一是，筹划制作反映"冬残奥重点工作、首都残疾人冰雪运动、普及残健融合、促进协同发展"为主题的宣传片，展现冬残奥行动，讲好残疾人故事。

二是，制作以残疾人"参与冬奥、共享冬奥、服务冬奥"为主题的微电影，深入反映社会发展进步和残疾人事业发展新理念。

三是，落实奥林匹克文化活动计划，在冬残奥会吉祥物、口号、火炬、歌曲等发布节点，广泛开展宣传文化活动。

四是，充分融合和利用社会文化资源，搞好北京冬残奥会开幕式和闭幕式的筹备和保障工作。

五是，深入实施"共享冬奥"计划，开展系列主题展，包括书画展、摄影展、集邮展、体育电影展、征文和诗歌朗诵会等。

六是，落实冬残奥会社会文明行动计划，以迎冬奥为主题，组织开展文明宣教、社区宣教等公共文明引导活动。

七是，落实冬残奥会青少年行动计划，开展"相约冬奥、助力冬奥、奉献冬奥"等文明志愿行动。

提升残疾人参与度和运动水平方面：

坚持把冬残奥筹办与促进残疾人冬季体育发展融为一体，按照"稳中求进、因地制宜、超常实策、快速提升、资源共享、协同共进"的总体思路，确保残疾人冬季项目水平得到整体提升，各种冬季体育需求获得有效满足。

一是，组织开展多种形式的残疾人冰雪季、冬季项目展示交流和冰雪嘉年华活动，鼓励残疾人参与冰雪运动。

二是，开展"流动大讲堂"，普及冰雪运动项目、冬残奥知识文化。

巩固拓展无障碍建设环境方面：

一是，配合《北京2022年冬奥会无障碍环境提升行动计划》，对城市公共交通系统、住宿酒店、餐饮、商场超市等购物场所、文化场所、道路天桥公园等公共区域、医疗机构、环卫公共厕所、旅游景区、信息无障碍服务等开展无障碍提升行动。

二是，加大无障碍宣传力度，采取电视、广播、报纸、公交站台橱窗、地铁宣传栏等多种途径和方式，尤其运用好新媒体传播速度快、冲击力强、覆盖面广等优势，深入开展无障碍宣传工作，营造良好的社会环境。

加快残疾人基本服务保障建设方面：

坚持把改善和保障残疾人民生，加强对残疾人基本服务贯穿冬残奥行动始终，以更充实的残疾人幸福指数促进人文北京建设，打造令世界称道的中国人权名片。

一是，结合冬残奥运动项目及竞赛、接待需要，招募、培训一批专业志愿者，编写赛会专门培训教材，强化冬残奥常识、礼仪接待、语言文化、竞赛服务、专业康复训练等专项培训。

二是，鼓励和引导全市助残社会组织参与冬残奥会相关服务项目。

在实践中弘扬残奥精神方面：

一是，通过开展冬残奥行动，使先进思想文化进一步引领社会思潮，残健融合理念更加深入人心，社会各界更加关注、了解、尊重残疾人群体。

二是，通过开展冬残奥行动，全面提升助残志愿服务水平，打造志愿助残的中国品牌、北京模式。①

（二）重视传播奥林匹克价值观

筹办冬奥会的各项举措要形成合力，在认识上达成共识，就要遵循奥林匹克主义的宗旨，将体育、教育、文化融为一体，在奥林匹克教育乃至冰雪运动推广和普及过程中，深化奥林匹克价值观教育。

在举办 2008 年北京奥运会前，国际奥委会主席罗格最为担心的是中国人只重视奥运"夺金"的工具理性，而忽略其教育青年、促进世界和平的价值理念。② 然而，

---

① 参考《北京市残联冬残奥会行动计划（2018—2022 年)》。
② 新华网，http://news.xinhuanet.com/sports/2007-06/24/content_6283692.htm。

事实证明，我们不仅举办了一届"无与伦比"的奥运会，而且在北京奥运会开幕前就获得了一块金牌，即奥林匹克教育的金牌。举办北京冬奥会和冬残奥会，我们要将奥林匹克教育引向深入，强调在筹办冬奥会过程的各项宣传教育活动中，着重奥林匹克价值观教育，使青少年及全社会理解奥林匹克主义深刻的内涵。

如前所述，进入21世纪以来，国际奥委会更加强调"寓教于体"。在《威斯巴登宣言》《德班宣言》《奥林匹克2020议程》等重要决议中，均阐明了奥林匹克价值观教育的作用，其中很多内容与开展公民教育相关。如"修改《奥林匹克宪章》中'奥林匹克主义基本准则'的第六条为：《奥林匹克宪章》规定人们应当享有的权利和自由不能受到任何形式的歧视，如种族、肤色、性别、性取向、语言、宗教、政治或其他意见、国家或社会出身、贫富、出生或其他身份。上述最新的表达是对联合国《世界人权宣言》《体育运动国际宪章》有关'从事运动训练和体育运动是一项基本人权'的延续和肯定，也增加了更多的不受歧视的领域和观念"。[①] 这一价值观显然是公民平等意识的体现。

为了提高认识，应把奥林匹克价值观教育作为各项筹

---

① "专家解读——国际奥委会《奥林匹克2020议程》基本内涵解读"，中国奥委会网，2015年6月11日。

办工作的重要任务，使人们在参与冬奥会、冬残奥会中提升精神境界，培育高尚情操。

（三）持续推动奥运会志愿服务

志愿服务体现着公民的责任意识，反映着社会的文明程度，作为2008年北京奥运会的宝贵遗产，应当继续发扬光大。

首先，继续普及志愿理念，弘扬志愿精神。抓住全国人民关注和期盼2022年冬奥会和冬残奥会的有利时机，通过各种传媒——报刊、广播、电视、互联网、手机等，营造支持和参与冬奥会志愿服务的社会氛围。激发公众参与志愿服务的热情，引导青少年成为服务他人、奉献社会的主力军。

其次，把握和尊重志愿服务的规律，建立健全激励与保障制度。通过激励机制，一方面鼓励志愿者自愿参与，尊重志愿者的服务意愿和参与方式，充分调动其积极性；另一方面使志愿者工作的价值被认可和肯定，使志愿者的责任感、使命感、荣誉感和自身潜能得到最大限度激发，发挥出实践育人的功效。北京奥运会和残奥会成功地激励了广大奥运志愿者把奉献精神转化为实现民族复兴的强烈使命感，把奥运志愿者的工作激情转化为从容面向未来的大国国民心态和品格，把奥运志愿者的服务意识转化为构建和谐社会与和谐世界的强大精神动力。而通过保障机制，保障志愿者的基本权益和对志愿服务事业的持久热情。志愿者需要尊重、支持与呵护，需要心理支持与专业支撑，奉献者需要获得奉献的尊严与快乐，只有让奉献者感受到尊严与温暖，才能使志愿者不仅在志愿服务期间而且在志愿服务活动之后也能延续志愿服务的热忱并化作日常生活方式。权益与保障，不仅是志愿服务事业可持续发展的保证，也是奥运以人为本的基本要求。因此，不仅要为志愿者提供心理和专业的支持，还要提供法律和物质的保障。2007年12月5日，北京市实施《北京市志愿服务促进条例》。《条例》规定："志愿服务活动应当遵循自愿、平等、无偿、诚信、合法的原则。全社会应当尊重志愿者的劳动，志愿者的权益受法律保护。志愿者所在单位应当为志愿者参与志愿服务活动给予支持并提供必要的条件。接受志愿服务的组织或者个人，应当尊重志愿者的人格尊严，就志愿服务项目对健康及安全构成的风险以及防范这些风险的措施做出必要的告知和说明；有条件和能力的，应当为志愿者提供从事志愿服务活动所需的专业培训和岗位培训、必要的物质保障及安全、卫生条件。"[1] 因此，2022年冬奥会和冬残奥会组委会在组织公民参与志愿服务活动时，要为其提供保障。从而发挥奥运效应，使

---

[1] "北京市志愿服务促进条例：北京市第十二届人民代表大会常务委员会第三十八次会议，2007年9月14日通过"，北京市民政局网站，2013年10月31日。

志愿服务事业具有持久的生命力，使更多的公民成为志愿者，成为良好社会风尚的倡导者和实践者。

（四）培养冬奥会文明观众

奥运会的观众可以直接体验到奥林匹克运动的魅力，体现了共享奥运和参与奥运。在一届成功的奥运会中，热情文明的观众是不可或缺的衡量标准。国际奥委会已将比赛场地观众满员作为成功赛事的标志之一。作为一名文明观众，不仅要有基本的奥林匹克项目知识，懂得比赛规则，而且要满怀热情、不加歧视地观赛。因而，培养文明观众的过程，就是普及奥林匹克知识和奥林匹克价值观，提升公民素质的过程。

在建立2022年冬奥会文明观众培养机制方面，北京市政协委员黑德昆提出的建议具有启发性。他认为：文明观众的培养机制包括两个方面。第一个方面是普及冬奥项目知识。主要途径是各类媒体宣传；请专业运动员、教练员、主持人等通过视频或现场示范讲解运动项目常识与规则。第二个方面是组织观众的来源。首先是通过社区和学校组织招募文明观众报名，并给予免费观赛机会；其次是与冬季旅游项目相结合，如在冬奥会之前的测试赛或其他比赛期间，由优质的旅行社组织冬奥项目游。[①]

在此基础上，还应考虑将"如何做一名文明观众"纳入奥林匹克学校教育之中；出版相关图书、音像资料等宣传品；同时通过影视传媒、网络、手机等新媒体潜移默化影响青少年和普通大众，提高全社会文明程度。

（五）充分发挥大众传媒的作用

大众传媒在建设文明社会中的导向作用不可忽视，是进行奥林匹克教育和公民教育的有效手段。过去，奥林匹克的宣传教育多由传统媒体承担。如今，在新媒体大量涌现的趋势下，要加强媒体融合，充分发挥各类媒体所长，达到目标一致、信息共享互补，作用叠加辐射，发挥出前所未有的力量。

首先，构建独立的奥林匹克传播平台。国际奥委会《奥林匹克2020议程》已经开创性地提出由奥林匹克广播服务公司建立一个数字化的奥林匹克电视频道，频道将节目重点放在突出奥林匹克运动的思想传承与文化交流上，鼓励更多的受众从中得到娱乐、知识和教育。我国也建立了以奥林匹克运动发展和传播为目的的电视频道，播出奥林匹克运动的知识、历史和现代发展的相关视频、赛

[①] 黑德昆："建立2022冬奥会文明观众培养机制"，载《北京观察》2017年第9期，第42页。

事直播、明星访谈和专家访谈等，传播奥林匹克理想、弘扬奥林匹克精神，直接触及受众心理，提高公民素质。如今，北京广播电视台冬奥纪实频道已正式开播，由此掀开中国冰雪运动和北京双奥之城媒体传播新篇章。

其次，发挥主流新媒体的影响力。新媒体比传统平台反馈更快、内容更丰富、视角更多维，因此要加以开发。通过主流新媒体，探索与传统媒体的多平台互动，探索如何在奥林匹克价值观传承和遗产传承方面做出贡献，并在传播理念、内容和形式上更符合青少年的教育特点。[1]

再次，防控新媒体可能带来的消极效应。对新媒体运用不当也会带来负面影响。如有悖于奥林匹克精神的舆论攻击、语言暴力、情绪发泄、信息事故等。国际奥委会已出台《奥运会社交与数字媒介指南》，用以约束和规范新媒体的使用。[2] 我国也应做好应对准备，使之对公民教育发挥正面引导作用。

（六）培育社会大众的冰雪情缘

通过各种途径培育社会大众特别是大中小学生的冰雪情缘，营造三亿人上冰雪的氛围，也营造全民支持冬奥的

---

[1] 冯雅南、孙葆丽、毕天扬："新媒介下奥运传播推广策略及对2022年冬奥会的启示"，载《体育文化导刊》2018年第11期，第28页。

[2] 冯雅南、孙葆丽、毕天扬："新媒介下奥运传播推广策略及对2022年冬奥会的启示"，载《体育文化导刊》2018年第11期，第28页。

氛围。

在北京奥运会和残奥会总结表彰大会上,胡锦涛强调,回顾7年的奋斗历程,北京奥运会、残奥会能够取得成功,靠的是改革开放30年我国持续快速增强的综合国力,靠的是社会主义制度能够集中力量办大事的优越性,靠的是全国各族人民的团结奋斗,靠的是世界各国人民和国际社会的大力支持。北京奥运会、残奥会成功举办的事实再次向世人昭示:中国人民有能力为人类文明进步做出更大贡献。北京继举办2008年夏奥会后又携手张家口申办2022年冬奥会,一方面承担国际义务,为推动奥林匹克运动发展做贡献;另一方面使冰雪运动从中国的东北、内蒙古、新疆等地向内陆发展,带动三亿人参加冰雪运动,提高人们的健康水平,同时推动京津冀经济社会的发展。正如习近平主席在2022年北京冬奥会申办报告中所承诺的:"2022年冬奥会如果来到中国,不仅将激发中国13亿人民对奥林匹克冬季项目的热情,也将推动历史悠久的中华文明同世界各国文明交流互鉴。中国人民愿意通过举办冬奥会,为人类文明进步做出新的贡献。给中国一次机会,中国将还给世界一个奇迹。北京将使奥林匹克大家庭全体成员再次体验到奥林匹克精神的崇高和伟大。"[①]

---

① 北京冬奥会申办委员会:《北京2022年冬季奥运会和残奥会申办报告》(第一卷),北京体育大学出版社2015年版。

培育社会大众特别是大中小学生的冰雪情缘需要多种路径。社会途径可以通过企事业单位、街道社区进行宣传教育，也可以运用影视传媒及互联网技术，通过广播电视台设立冬奥会频道+手机推送等方式发送冰雪运动以及冬奥会相关信息，传播冰雪运动知识和奥林匹克价值观，使大众受到教益。家庭途径更为直接，冰雪运动特别适合全家出动，休闲娱乐的同时既能培养亲子感情，还能体现对2022年冬奥会的支持和参与。学校途径是培育大中小学生冰雪情缘的主要途径。通过传播冰雪运动知识，加强实践，带动大中小学生上冰雪，可以把部分体育课程搬进冰雪场馆，让学生们在冰雪运动中体验乐趣，强身健体，同时亲身的体验能够激发学生们对冰雪运动的热爱，持续参与冰雪运动，甚至成为持续终生的健康生活方式。在2022年冬奥会来临之即，建议每所中小学校都设立一面以奥运为主题的奥运文化墙，各具特色，宣传奥林匹克文化，传承奥林匹克精神，激发学生对奥林匹克的热爱，包括对2022年冬奥会和冬残奥会的热情和关注。目前，全国人民都已行动起来，以各自的方式支持2022年冬奥会和冬残奥会。2019年春节，新疆阿勒泰地区滑雪爱好者滑雪穿行300公里，助力2022年北京冬奥会。新疆阿勒泰被看作中国雪都，一年中179天有雪，而且是极品雪，天然雪场堪与比赛场地相比。据专家考证，新疆阿勒泰地区是人类滑雪的发源地之一，用桦木做的滑雪板，有一万二千多年的历史，马拉雪橇深受人们欢迎，2019年春节有一万多名中外滑雪爱好者和游客来到阿勒泰。阿勒泰也是第一个把学校体育课移到滑雪场进行的。黑龙江、吉林、辽宁、内蒙古等都吸引着大批滑雪爱好者，就连许多遥远的南方城市都建滑冰场地，吸引青少年和社会大众从事冰上运动，营造"三亿人上冰雪，全民支持冬奥"的氛围，助力北京冬奥会和冬残奥会。

（七）发挥影视作品的影响力

作为2008年北京奥运会文化遗产项目，至2018年北京国际体育电影周已连续举办14年。14年来，体育电影周共征集742部中外作品，其中123部优秀作品代表电影周参加国际体育电影大赛并获得大奖，极大地促进了国内外体育影视文化交流。在筹办2022年冬奥会和冬残奥会的新周期，体育电影周将进一步推动中国体育影视作品创作和国际交流，传承奥运精神，弘扬奥运文化。

为迎接2022年冬奥会和冬残奥会，我们应多拍摄体育电影，尤其以拍摄2022年冬奥会官方电影为契机，通过大众传媒影视作品宣传奥林匹克文化，传承奥林匹克精神。早在19世纪，现代奥林匹克之父顾拜旦就期望奥运会能够成为全世界最盛大的节日。如今，他的这一愿望已经实现，奥运会已成为全世界最重要、最有影响的活动之一，奥林匹克文化也已经成为全球性文化。在这方面，大众传媒对奥林匹克运动起到了不可替代的普及与推广作用。从1964年东京奥运会首次实现全球卫星电视现场直播开始，奥运会乃至世界体育进入了新的时代，借助大众传媒，奥林匹克运动得以在全世界传播普及，有力地推动了世界体育的发展，使奥运会成为现代奥林匹克运动最具影响力的形式与现代人类文明的旗帜。更重要的是，大众传媒将奥林匹克理想和精神，奥林匹克价值观传遍全世界，使其成为全人类普遍认同与共同遵守的价值体系并得以传承。在传承奥林匹克文化的过程中，电影以高度浓缩的艺术形式通过影象记录历史，表达人类的思考，独具魅力，这其中尤以奥运官方电影最具影响力。

奥运官方电影（Official Olympic Films）是国际奥委会依据《奥林匹克宪章》要求举办城市奥组委委托相关影视机构制作的记录奥运会的电影。自1912年斯德哥尔摩奥运会以来，制作奥运官方电影已经成为了夏奥会和冬奥会的传统，截至目前奥运官方电影数量已经超过40部。这40多部电影为百年奥运留下了珍贵的影像记录，是当之无愧的世界文化遗产。由于各国历史文化不同，导演及其制作团队的思想高度、审美水平、拍摄视角不同，诞生的奥运官方电影各具特色，我们以北京奥运会、伦敦奥运会、里约奥运会官方电影为例进行分析。

2008年，北京举办了第29届夏季奥运会和第13届残疾人奥运会。北京奥运会和残奥会的成功举办，展示了中国改革开放30年现代化之路，展现了中国在政治、经济、社会、文化、环境建设方面取得的成就，展现了中国人民不畏艰难、努力奋斗，极大提升了民族自信心与国际影响力，是中国成为世界大国，在国际舞台上发挥重要作用的转折点。北京奥运会官方电影《永恒之火》作为奥运文化遗产把中国人对奥运的期盼与热爱，用艺术的手法展现在全世界面前。《永恒之火》寓意奥运之火在希腊点燃，在世界五大洲传递，在"鸟巢"经过历时16天的熊熊燃烧后，再由贝克汉姆用一脚足球象征性地传到伦敦，现实中奥运之火得以生生不息传递。而中国人民通过成功举办奥运会和残奥会向世界传递的友谊之火、奥林匹克精神之火也将永恒。

《永恒之火》记录了13亿中国人乃至世界人民参与北京奥运的盛况，从北京申办—筹办—举办奥运会，不仅记录下北京奥运会和残奥会火炬传递的过程，尤其是奥运会火炬到达珠穆朗玛峰的颠峰时刻，还记录下北京奥运会和残奥会的盛况，尤其是北京奥运会气势恢弘的开幕式和闭幕式，向世界各国观众展现了中华民族悠久灿烂的文明和历史文化。《永恒之火》也记录下精彩的体育赛事，展现了一个个美好瞬间和历史性时刻，还记录下这一届奥运会令人难忘的故事。比如，刘翔退赛的心路历程；伊朗首位奥运会跆拳道女运动员萨拉，把自己包裹在厚重严实的黑头巾里创造历史的过程；博尔特在北京奥运会开幕前还只是一个有潜力的运动员,他对北京奥运会的期待仅仅是取得前三名,但当北京奥运会上他一战成名,成为创纪录的牙买加飞人,"鸟巢"9万观众齐唱生日歌为他祝福,带给他无限荣耀和幸福……《永恒之火》里有人物故事和精彩瞬间,更有奥运情怀和责任担当,值得世人永久回味。

伦敦奥运会,从申办、筹办到举办,都吸引着世界的眼球。伦敦,历史上曾两度拯救奥运会。1906年意大利维苏威火山的爆发使原定于1908年在罗马举行奥运会的计划搁浅,伦敦临危受命举办了1908年奥运会,并实现了五大洲运动员的第一次团聚。1948年,战后的欧洲一片废墟,物质匮乏,精神无依,没有城市愿意承办奥运会,伦敦第二次挽救了奥运会。正是1948年伦敦奥运会的成功给深受二战创伤困扰的世界人民以巨大的精神力量,找到共同的精神家园。英国还是现代奥运会许多运动项目的发源地,足球、乒乓球、羽毛球、网球、赛艇和马术都诞生在英国,很多国际体育联合会也创建于此。四年一度的英联邦运动会堪称仅次于奥运会的全世界第二大综合性运动会。英国是自1896年以来,唯一参加过所有冬季和夏季奥运会的国家。从历史上看,伦敦虽然此前举办过1908年和1948年的奥运会,但那两届奥运会都是临危受命。这次是其第一次申办奥运会,而申办的成功也使伦敦有机会第三次举办奥运会,成为迄今为止世界上获此殊荣的唯一城市。

　　伦敦为什么能赢得2012年奥运会的主办权？最根本的原因在于伦敦申奥的主题："年轻人的奥运"，强调2012年奥运会将为年轻人留下宝贵的遗产。在5个候选城市硬件相差无几的情况下，现场陈述成了最终的情感导向。伦敦的陈述报告独具匠心，主题鲜明，即着眼于奥林匹克精神的传承。他们希望通过伦敦这个国际性大都市将更多的年轻人吸引到奥林匹克运动当中，而这正是国际奥委会所倡导的发展方向，是顾拜旦复兴奥林匹克运动的目标所在。在伦敦代表团的陈述中，对于下一代关爱有加，播放的第一个短片也是以激励下一代为主：一个孩子本来和同伴在路边用石块砸远处的目标，亮着警灯经过的警车暗示着孩子不良行为的可能后果，但突然，电视里田径场的呐喊声吸引了小孩，小孩回头看去……这时，流动的画面恰到好处地转回到现场陈述，给人留下很多悬念。伦敦申奥片寓意他们关注下一代，意味着只要给伦敦主办奥运会的机会，伦敦的儿童就会更多地被奥运会所吸引而走上健康之路，不会成为"问题少年"。伦敦的陈述报告自始至终强调奥运会对年轻人的影响。伦敦申奥委员会主席塞巴斯蒂安·科在最后陈述中指出：要成就一个奥运冠军，需要激励成千上万的年轻人参加这项运动。我们现在面临一系列挑战……今天我们面临的挑战更加艰难，不能想当然地认为年轻人会自然而然接受体育，需要一些模范人物向他们做出示范。很多人缺乏这种愿望,我们有决心使得伦敦奥运会充分地解决这个问题。伦敦申奥的目标就是要充分地接触世界各地的年轻人,使他们了解奥运会的魅力,从而选择体育运动。英国首相布莱尔更强调了主办国的责任:"无论是政府还是体育界,我们有这样的责任,来超越我们的时代,超越我们的国界。我们的愿景是数百万的年轻人,不论是在英国还是全球都要让他们参加体育,改变他们的生活。伦敦有一种声音能向年轻人说话,有超过1000家媒体在我们这里向全世界播出这里的信息。通过这种独特的力量,一个全球的平台将在我们这里激励我们的青年人。不仅仅是在17天的比赛进程中,而且是在后面的很多年都会这样。"伦敦申奥委员会强调,如果伦敦获得2012年奥运会主办权,将会把奥林匹克精神发扬光大。他们将把伦敦奥运会办成年轻一代的盛会,给孩子们留下宝贵的遗产,而且是一个长久的遗产,是奥林匹克运动的遗产。正是如此立意高远的理念,打动了国际奥委会委员们。国际奥委会市场开发委员会主席海博格就表示:"我们总是在想给后辈留下怎样的遗产,总是考虑如何让下一代继续关注体育。"由此可见,伦敦的申奥理念把握住了ICO委员的脉搏。伦敦奥委会的陈述也很有感染力,他们通过孩子的眼睛透视体育巨大的人文和社会效应,无论在情感还是在理智上,都很容易让人接受。"年轻人的奥运"理念也成为伦敦获胜的最主要原因。因为教育青年人是奥林匹克主义的出发点和归宿。顾拜旦复兴奥林匹克运动的真正目的就是通过体育运动教育青年，促进青年身心的和谐发展。可见伦敦申奥代表团的陈述紧扣住了奥林匹克运动的灵魂，从5个候选城市中脱颖而出也就顺理成章。

当然，伦敦获得2012年奥运会主办权是众多原因共同作用的结果。除了上述主要原因外，还有一些次要原因，比如：伦敦奥委会中途换将，选择了一位出色的奥申委主席，挽救了危局；英国政府也表现得相当积极，八国峰会的东道主英国首相布莱尔居然花了宝贵的48小时飞赴新加坡游说，其敬业精神足以影响一些委员的决定；伦敦的申奥方案切实可行，包括9个场馆的奥林匹克公园集中在市中心，媒体中心也在公园内，奥运村距离那里只有几分钟的路程，一切都方便快捷。伦敦奥运会的每一个场馆都有一个明确清晰的未来目标，如主会场赛后将成为奥林匹克学院等；伦敦还强调2012年奥运会将为发展相对滞后的伦敦东区带来巨大变化，而英国政府计划为这届奥运会投入巨额资金，加上旅游和电视转播将为伦敦带来的收入使这种变化有可能变为现实。ICO最愿意看到这种变化，因为这体现出体育超越本身的神奇力量。无疑，这些都是伦敦获得 2012 年奥运会主办权的原因。[1]

而伦敦奥运会的举办贯彻了伦敦申奥理念，相当成功。2012 年伦敦奥运会是在英国经历了地铁恐怖袭击事件、世界经济衰退、欧洲经济低迷期举办的。通过举办第 30 届夏季奥林匹克运动会，增进世界人民的交流与合作，促进世界经济繁荣发展，提振人们的信心，摆脱当前的困境，继续影响世界，无疑是伦敦奥委会和英国政府期待的结果。2012 年伦敦奥运会开幕式充满了英国元素，以"奇妙岛屿"作为主题，展示了英伦三岛的历史、文化和现代社会风情。"开幕式分为三部分，第一部分是田园风光篇，主要讲述了英国的历史进程，再现了英国人民辛勤劳作的场景；第二部分是工业革命篇，工业革命是一次深刻的社会变革，它推动了社会的发展，改变了世界的面貌。这一部分展现了英国人民在工业革命时期经济上所取得的辉煌成就；第三部分是信息时代，主要讲述了现代英国百姓的生活习惯和社会风貌……"[2] 从田园风光—工业革命—信息时代，伦敦传达给世界的理念是：英国影响了世界，并将继续影响世界。伦敦奥运会开幕式的创作灵感来源于莎士比亚的戏剧作品《暴风雨》，体现了英国深厚

---

[1] 班秀萍："伦敦赢得 2012 年奥运会主办权带给我们的启示"，载《首都体育学院学报》2005 年第 6 期，第 26 页。

[2] 王薇："雅典、北京、伦敦奥运会开幕式对奥林匹克文化的诠释"，浙江师范大学，2016 年硕士论文。

的文化底蕴，同时注入现代元素，如幽默大师"憨豆先生"、足球明星贝克汉姆的出场，英国女王的从天而降等等，从而回归体育的本源——体育就是游戏，足见英国文化与体育文化的交融共生，独树一帜。

伦敦奥运会共有 10500 名运动员参与，在为期 17 天的竞赛中，26 个大项、302 个小项比赛中共产生 302 枚金牌。伦敦残奥会于 2012 年 8 月 29 日至 9 月 9 日举办，有来自 164 个国家和地区的 4302 名运动员竞逐 20 个大项的比赛，这是时至当时参赛人数最多的一届残奥会。伦敦奥运会、残奥会组委会主席塞巴斯蒂安·科说："伦敦残奥会每天都在创造新的纪录，体育的纪录、现场观众的纪录、电视观众的纪录、体育精神的纪录。我们将标志着高品质、创造力的一句话烙印在了伦敦奥运会、残奥会之上，它就是'2012，伦敦制造'。"2012 奥运会、残奥会会徽很有特色，会徽颜色一共有四种，分别是粉色、橙色、蓝色和绿色，可根据不同场合的需要选择不同颜色的会徽。表示举办年份的"2012"通过变体形式成了会徽的主体，表示举办地点的"London"和奥运会五环标志被嵌在第一个"2"和"0"上。伦敦奥组委称，这一强有力的、现代的会徽象征着富有活力的奥林匹克精神及其能感染全世界人民的能力。伦敦奥委会主席塞巴斯蒂安·科在阐释会徽理念时说，新的会徽现代、富有活力与弹性，它将成为伦敦奥运会的形象景观。"伦敦 2012 年奥运会将是所有人的奥运会、所有人的 2012。这是这一标识的核心理念。它阐释了我们所建造的场馆、所承办的奥运会，并提醒我们履行承诺，用奥林匹克精神去激励世界上的每一个人、拉近与青年人的距离。它邀请大家参与、融入其中。"国际奥委会前主席罗格评价："伦敦奥运会是一届充满快乐和荣誉的运动会。"澳大利亚《悉尼先驱晨报》评论："2012 年伦敦奥运会有悉尼的活力，雅典的美轮美奂，北京的高效，还有伦敦特有的诀窍以及诙谐"。英国《法兰克福汇报》评论："英国人多年以来已经习惯了他们的衰退，但奥运会的成功让他们自己都感到惊喜。奥运会使得这个国家和人民重拾欢乐，英国现在已经不仅是一个移民国家，而且在这么多年来日渐增长的种族分离主义倾向之后，再一次成为了一个团结统一的王国。"

伦敦奥运会的口号是"激励一代人"（Inspire a Generation），旨在通过举办奥运会激励新一代。秉承此宗旨，英国导演卡罗琳·罗兰执导的 2012 年伦敦奥运会官方电影《第一次》，将镜头对准了新一代年轻人，讲述了来自全球的几位第一次参加奥运会的运动员的故事，表现他们对奥运精神的理解和初次参加奥运会的感受，包括中国跳水运动员邱波在内的几位运动员有的夺得奖牌，有的没有获得奖牌，但他们对奥运精神的追求矢志不移，感人至深。该片体现了英国文化独特的视角，以影像的方式来表现运动员个体的内心感受和第一次参加奥运会的体验，也是对本届奥运会口号"激励一代人"的呼应。

2016年里约奥运会是第一次在南美洲举办的奥运会，在里约奥运会之前，种种困难和障碍没有阻止巴西人办好一届奥运会的决心，一个团结的巴西在困境中展现出对生活难以置信的热爱感动了世界。导演布雷诺·西尔韦拉（Breno Silveira）执导的里约奥运会官方电影《休战之日》（Days of Truce）全面介绍了里约奥运会从筹备到成功举办的过程，面对国内政治分歧、经济困难、社会动荡等不利因素，巴西人终于实现了自己的目标。作品也展示了里约奥运会的成功举办对当地社会生活产生的积极影响。《休战之日》是一部充满南美特色和巴西风情的纪录片，集中展现了里约热内卢的城市魅力和巴西人民的热情，同时让为奥运会做出贡献的人都能站在聚光灯下——从出租车司机到明星运动员，从开幕式上的舞者再到历史上第一个难民奥林匹克队的成员……他们都在讲述自己的故事，平凡中带给我们感动。本片以里约奥运会前巴西的政治动荡作为切入点，反映了奥运会降临时不同党派、不同政见的人们放下纷争，全力投入奥运狂欢的盛况，诠释了奥运"神圣休战"的现代意义。奥林匹克起源于人们对和平的追求。公元前9世纪至前8世纪，在古希腊有限的国土上，逐步形成了200多个"城邦"，这些城邦相互独立，各自为政，战争连年不断。而在古希腊，祭神活动是最重要的宗教活动。古希腊人信奉多神教，人们在祭坛面前向神灵展现自己强健的体魄，精湛的技艺，祈求福佑。这种祭神活动逐步演变为赛会。当时主要有祭献主神宙斯的奥林匹克运动会，祭献太阳神阿波罗的皮西安运动会，祭献大力神赫拉克勒斯的尼米安运动会等。由于希腊人认为奥林匹斯山的宙斯是众神之主，拥有至高无上的权力，因而祭献宙斯的奥林匹克运动会最终发展成为整个希腊民族统一的竞技会。古代希腊二百多个城邦从未有过真正的联合，能使他们联合起来的一条重要纽带就是每四年举行一次的奥运会。在奥运会举行期间，实行"神圣休战"，即休战期间，整个希腊到处洋溢着和平的气氛，任何人不得动用武器，不得进行战争，不得携带武器进入奥林匹亚，否则就是亵渎神灵，会给城邦和个人带来莫大的灾难，必将受到应有的惩罚。在希腊人看来，没有任何事情比四年一届的奥林匹克竞技会更为神圣，凡有幸参加奥林匹克祭献和竞技的人，都将受到宙斯的庇护，而奥运会优胜者更可以获得一顶象征和平友谊、代表最高荣誉的橄榄枝编成的花冠。橄榄枝作为古奥运会及奥林匹克运动精神的象征，寓意和平。古希腊人认为，橄榄树是雅典保护神雅典娜带到人间的，是神赐予人类和平与幸福的象征。因此，热爱和平的人们期盼着四年一度的奥运会，因为它是唯一能使希腊人平息战火、团结起来的一条重要纽带。各城邦人民通过奥运会竞技比赛的交流与沟通，加强了各城邦之间民族与文化的交流，民族的认同感得到加强。"神圣休战"使奥运会成为一个独立于战争之外的和平与友谊的盛会，体现了古希腊人渴望和平的愿望，并对现代奥运会产生了深远的影响。现代奥运会突破了古希腊民族和地域的限制，超越了政治、宗教、种族、语言、文化的限制，成为全世界人民和平友谊的盛会。四年一度的奥运会吸引着全世界的目光，人们期盼奥运，奉献奥运，皆因奥运是全世界人民共同的盛典，是和平、友谊、团结、进步的象征。

巴西人不仅深刻认识奥林匹克神圣休战的意义，而且身体力行。在里约奥运会降临之际，他们放下纷争，展现出巴西人热情好客、包容团结的精神风貌，使世界人民看到巴西的多元历史、文化，体验到里约的城市魅力。"贫民窟"往往是贫穷、愁苦的代名词，但巴西人即使身居"贫民窟"，仍然以自由、乐观的天性感染着我们。正如国际奥委会主席巴赫在闭幕词中所言："巴西，我们爱你，感谢你们的热情招待。尽管巴西身处艰难时刻，仍然以对生活的热情凝聚了全世界。你们有理由感到骄傲，这届奥运会向所有人证明了多样性的珍贵，是对多样性融合的最好诠释。"巴赫主席感谢了里约奥运会志愿者们的辛勤付出，也感谢了参加奥运会的运动员："你们以出色的表现折服了全世界，展示了体育所能发挥的连接全世界的力量。通过友好与相互竞争，通过同住在奥运村，传递着重要的和平的信息，团结在一起，我们可以走的更远，跳的更高，多样性可以让我们更加强大。"巴赫主席还特意感谢了难民代表团的运动员："你们以人文精神和天赋激励着我们，对全世界数以百万计的难民们来说，你们是希望的标志。尽管奥运会已经结束，但我们会继续与你们在一起。"巴赫主席还表示，"我们作为客人来到了巴西，现在我们作为你们的朋友离开，你们将永远留在我的心中。这是在一座'非凡之城'举行的一届非凡的奥运会。这届奥运会将为未来留下重要的遗产。历史会谈到奥运会之前的里约，也会谈到奥运会之后更好的里约，奥林匹克杯今晚将颁发给所有的里约人。"[1]确实，巴西人成就了一届精彩的奥运会，里约也因奥运会而改变。百年奥运第一次来到南美，筹办和举办奥运会，对里约来说是巨大挑战，巴西人经历了很多痛苦的挣扎和艰苦的工作。在奥运会举行前几个月，巴西依然政治动荡、经济衰退，有些奥运场馆还没有如期完工，令世界焦虑；但最终，巴西里约热内卢举办了一届非凡的奥运会。巴西这片神奇的土地，好客的人民用热情奔放的流行音乐、激情四射的桑巴舞等带给世界别样的如嘉年华般的奥运狂欢。体育使里约变成了人间天堂，大家共同欢呼、共同庆祝奥运盛会。参加奥运会的207个国家和地区的11000名运动员成为英雄，他们在赛场上奋勇拼搏，创造了历史，27项世界纪录和91

---

[1] "巴赫给里约奥运总评：非凡城市举办的非凡奥运"，中国奥委会官方网站，2016年8月22日。

项奥运会纪录被打破。运动员发挥了榜样作用，用他们的卓越激励了年轻人，使青年人相信，总有一天会梦想成真。里约奥运会标志着多样性和人类团结，展现了对人类命运的终极关怀，将环保理念根植于每一个人心中。奥林匹克之城里约热内卢，将是几代人的丰厚遗产。

除了夏季奥运会的官方电影以外，还有许多冬奥会的官方电影，如长野、都灵、温哥华、索契、平昌的冬奥官方电影，虽然各国的奥运官方电影以及体育电影内容不同，但传承奥林匹克精神的主旨是相同的。因此，我们要进行跨文化交流，把中国乃至世界各国优秀的体育电影以及百年奥运史上的奥运官方电影从博物馆、电影院扩展到全社会，最大范围在学校、社区、乡村展映，让更多的人接触到体育电影和奥运影片，从那一个个激动人心的时刻，一个个美妙的瞬间感受到体育运动的美好、奥运会的美好，感受到体育精神特别是奥林匹克精神，传承体育文化和奥林匹克文化。在2022年北京—张家口冬奥会来临之前，厚积冬奥会热度，激发民众参与冬奥会的热情，筑牢中华体育文化和奥林匹克文化的群众基础。

（八）北京冬奥会和冬残奥会践行人类命运共同体

构建人类命运共同体思想，是建立"和谐世界"思想的延续。人类命运共同体思想吸收了中华文明中"和合"理念、天下情怀的丰富营养，主张和平、融合、和谐共生的发展观，体现了对人类命运的终极关怀。习近平主席说："中华民族历来讲求'天下一家'，主张民胞物与、协和万邦、天下大同，憧憬'大道之行，天下为公'的美好世界。"①人类命运共同体思想正是站在时代的高度以全球视野审视世界的现实境遇，指明人类社会的未来走向，彰显对人类命运的整体思考和终极关怀，展现中国人的世界观以及 21 世纪中国对世界的责任与担当。

构建人类命运共同体也是世界历史发展大势。构建人类命运共同体是顺应当今世界潮流与世界发展大势，为解决事关人类前途命运的重大问题所倡导的重要理念，也是为解决国际社会面临的各种全球性挑战提供的中国智慧、中国方案。"在当今贸易保护主义、民粹主义思潮发展，现行的国际秩序受到质疑和挑战，世界发展不确定性增强的背景下，构建人类命运共同体指明了世界发展的新方向，回答了世界将向何处去的问题，中国作为一个负责任的大国，积极推动构建人类命运共同体，体现了大国的责任担当。"②

人类进入 21 世纪，世界多极化、经济全球化深入发展，社会信息化、文化多样化持续推进，各国相互关联、

---

① 习近平："携手建设更加美好的世界"，载《人民日报》2017 年 12 月 2 日。
② 左凤荣："构建人类命运共同体彰显了新时代中国外交的责任担当"，载《当代世界与社会主义》2018 年第 3 期，第 15 页。

相互依存程度前所未有，人类面对纷繁复杂的共同性问题如贫富分化、气候变化、粮食短缺、人口爆炸、恐怖主义、网络安全等问题，任何一国都无法独善其身。而要解决这些问题，还要靠发展，全世界的共同发展。但目前逆全球化潮流涌动，民粹主义、贸易保护主义抬头，全球化艰难前行，是开放还是封闭，合作还是对抗，共赢还是零和，世界再次走到了十字路口。因此，构建人类命运共同体至关重要，经济全球化呼唤全球经济治理的深化。经济全球化是人类社会生产力发展的必然产物，具有推动社会生产发展的历史进步性。经济全球化带来了新的发展机遇；推动了世界交往的扩大；推动了世界多极化趋势，但经济全球化也是一个历史过程，已经将各国各民族卷入其中。经济全球化涉及经济、政治、文化、社会诸多领域，影响复杂，呈现出两面性：一方面，经济全球化为世界经济发展带来前所未有的机遇，使后发展国家获得更大的发展空间，给世界经济的发展注入活力。另一方面，经济全球化也带来深刻而复杂的矛盾，加剧了世界经济发展的不均衡，使一些民族国家被边缘化。所以，经济全球化呼唤全球经济治理的深化。目前世界经济增长不确定因素增多，全球发展不平衡加剧，霸权主义、强权政治和新干涉主义有所上升，局部动荡频繁发生。建立更有效的全球治理机制、更加公正合理的国际体系和秩序极为迫切。习近平主席倡仪构建"人类命运共同体"，主张使所有国家从世界发展中受益。"国家不分大小、强弱、贫富,都是国际社会平等成员,理应平等参与决策、享受权利、履行义务,共建人类命运共同体。"① 早在 2013 年 3 月,习近平主席在莫斯科国际关系学院发表演讲,第一次明确表达了人类命运共同体思想:"这个世界,各国相互联系、相互依存的程度空前加深,人类生活在同一个地球村里,生活在历史和现实交汇的同一个时空里,越来越成为你中有我,我中有你的命运共同体。"② 并提出以此构建合作共赢的新型国际关系。2015 年 9 月 28 日,习近平在第 70 届联合国大会一般性辩论时发表题为《携手构建合作共赢新伙伴,同心打造人类命运共同体》的讲话,系统阐述了"人类命运共同体"理念。他说:"大道之行也,天下为公。和平、发展、公平、正义、民主、自由,是全人类的共同价值,也是联合国的崇高目标。目标远未完成,我们仍须努力。当今世界,各国相互依存、休戚与共。我们要继承和弘扬联合国宪章的宗旨和原则,构建以合作共赢为核心的新型国际关系,打造人类命运共同体。"③ 2017 年 12 月,习近平主席在中国共产党与世界政党高层对话会

---

① 习近平:"共担时代责任 共促全球发展——在世界经济论坛 2017 年年会开幕式上的主旨演讲",2017 年 1 月 18 日,bbs. people. cn。

② 习近平:"顺应时代前进潮流 促进世界和平发展",载《人民日报》2013 年 3 月 24 日。

③ 习近平:"携手构建合作共赢新伙伴,同心打造人类命运共同体",载《人民日报》2015 年 9 月 28 日。

上发表主旨讲话——《携手建设更加美好的世界》,进一步阐释了人类命运共同体的内涵:"人类命运共同体,顾名思义,就是每个民族、每个国家的前途命运都紧紧联系在一起,应该风雨同舟,荣辱与共,努力把我们生于斯、长于斯的这个星球建成一个和睦的大家庭,把世界各国人民对美好生活的向往变成现实。我提出'一带一路'倡议,就是要实践人类命运共同体理念。"[1] 人类命运共同体思想超越了地域国家、意识形态和社会制度的差异,反映了大多数国家的普遍期待,符合国际社会的共同利益。2017 年始,构建人类命运共同体理念多次被写入联合国决议,表明构建人类命运共同体已成为国际共识,得到国际社会的普遍认同。联合国秘书长安东尼奥·古特雷斯(Antonio Guterres)对此评论说:"多极世界需要多边的治理方式,今天的中国可以发挥重要的作用。""中国已成为多边主义的重要支柱,而我们践行多边主义的目的,就是要建立人类命运共同体。"[2] 第 71 届联合国大会主席彼得·汤姆森(Peter Thomson)表示:"对我而言,这是人类在这个星球上的唯一未来。"[3] 联合国前秘书长潘基文

---

[1] 习近平:"携手建设更加美好的世界",载《人民日报》2017 年 12 月 2 日。
[2] "习近平:新时代的领路人",人民网,http://cpc.people.com.cn/n1/2017/11/17/c64094 - 29651352 - 7.html。
[3] "让思想之光引领世界前行之路——习近平主席 2017 年达沃斯日内瓦主旨演讲的世界意义",载《人民日报》2018 年 1 月 25 日。

谈到习主席提出的人类命运共同体理念时表示,当今世界,各国命运紧密相连,不能靠一国之力、一己之力来解决问题。人类命运共同体理念鼓舞人心,能改善国际治理体系,让各国更好地应对目前面临的困难和挑战。目前,全球局势正在发生巨大变化,地缘政治所引发的风险正在导致多层面的经济与社会撕裂和分化。2018年世界经济达沃斯论坛年会的主题为"在分化的世界中加强合作"。论坛创始人兼执行主席施瓦布认为这一主题是对习近平主席2017年出席论坛时倡导的"构建人类命运共同体"理念的延续。施瓦布强调:"由于在包容性发展和世界资源保护方面的集体失能,我们现有的多套全球治理体系同时面临着失灵风险。为避免这一状况,我们首先应做的即是建立新的合作模式,而这样的合作必须排除狭隘的利益观,必须建立在人类共同命运的基础之上。"[1]

那么,如何构建人类命运共同体?构建人类命运共同体,实现共赢共享,其核心内容就是中国共产党十九大报告所指出的:"建设持久和平、普遍安全、共同繁荣、开放包容、清洁美丽的世界"。[2] 具体从政治、经济、文化、安全、生态等五个方面推动构建人类命运共同体。政治

---

[1] "习近平2017达沃斯演讲国际热议不减 影响深远",2018年1月26日,news.cctv.com。

[2] 习近平:《决胜全面建成小康社会 夺取新时代中国特色社会主义伟大胜利——在中国共产党第十九次全国代表大会上的发言》,人民出版社2017年版,第58—59页。

上，促进国际关系民主化。国家有大小、强弱、贫富，历史文化传统、社会制度也有差异，但国与国是平等的，要相互尊重，平等协商，坚决摒弃冷战思维和强权政治，走对话而不对抗、结伴而不结盟的国与国交往新路。中国主张和平、发展、合作、共赢，恪守维护世界和平、促进共同发展的外交政策宗旨，坚定不移在和平共处五项原则基础上发展同各国的友好合作，推动建设相互尊重、公平正义、合作共赢的新型国际关系。中国作为一个负责任的大国、联合国常任理事国，在维护世界和平、应对全球性挑战中发挥了重要作用。实践证明，"中国是世界和平的建设者、全球发展的贡献者、国际秩序的维护者。"[①] 经济上，推动经济全球化朝着更加开放、包容、普惠、平衡、共赢的方向发展。要顺应经济全球化深入发展的趋势，同舟共济，促进贸易和投资自由、公平，不搞贸易壁垒，按照世界贸易组织规则解决贸易争端。目前，世界经济仍面临严峻的挑战，不确定性增多，要通过促进全世界共同发展来解决难题，让发展成果惠及世界各国和全体人民。如中国"一带一路"倡议旨在主动发展与沿带沿路国家的经济合作伙伴关系，"共同打造政治互信、经济融合、文化包容、安全共享的利益共同体、命运共同体和责任共同

---

① 习近平：《决胜全面建成小康社会 夺取新时代中国特色社会主义伟大胜利——在中国共产党第十九次全国代表大会上的发言》，人民出版社2017年版，第25页。

体"。"一带一路"既为我国自身的发展,也带动沿线国家和区域共同发展,是合作共赢的模式。"一带一路"是中国努力寻求与各方利益的汇合点,通过务实合作,促进合作共赢,实现政策沟通、设施联通、贸易畅通、资金融通、民心相通,打造的国际合作新平台。迄今为止,已有100多个国家和国际组织参与"一带一路"建设,许多项目成为受各方普遍欢迎的全球公共产品。在中国改革开放的40年中,中国有7亿人摆脱了贫困,对全球减贫事业贡献率达70%;中国经济占世界经济总量的比重从1%提高到12%,经济总量跃居世界第二位,是世界第二大新兴经济体;中国对亚洲经济增长贡献率超过50%,对全球经济增长贡献率将近30%,是世界经济增长的重要推动力量。就如习近平主席所说:"中国发展必将寓于世界发展潮流之中,也将为世界各国共同发展注入更多活力、带来更多机遇。"[1] 文化上,"要尊重世界文明多样性,以文明交流超越文明隔阂、文明互鉴超越文明冲突、文明共存超越文明优越。"[2] 世界上有200多个国家和地区,2500多个民族,多种宗教。不同文明凝聚着不同民族的智慧和精神,文明有历史长短、地域特色之别,而无

---

[1] "习近平:2015年10月21日伦敦演讲——共倡开放包容 共促和平发展",凤凰网资讯,2015年10月23日。

[2] 习近平:《决胜全面建成小康社会 夺取新时代中国特色社会主义伟大胜利——在中国共产党第十九次全国代表大会上的发言》,人民出版社2017年版,第58—59页。

高低优劣之分。文明差异不应该成为世界冲突的根源，而应该成为人类文明进步的动力。要促进和而不同、兼收并蓄的文明交流对话，在交流互鉴中共同发展。构建人类命运共同体，需要汇集全世界人民的智慧和力量，要凝聚不同民族、不同信仰、不同文化、不同地域人民的共识。现在距离北京奥运会和残奥会已过去了十年有余，作为体育院校，我们也在身体力行推动"一带一路"人文交流包括体育交流，促进民心相通。截止2019年6月，首都体育学院联合外交学院体育对外交流研究中心已举办六届"一带一路"国家驻华大使体育论坛。通过打造"一带一路"倡议背景下的体育交往平台，旨在增进我国与沿线国家的体育人文交流，促进彼此的了解和友谊，深化合作领域，达到协同发展的目标，并助力2022年北京冬奥会和冬残奥会。安全上，要努力建设一个远离恐惧、普遍安全的世界。以对话解决争端、以协商化解分歧，营造公平正义、共建共享的安全格局。通过互利合作解决安全难题，消除各种形式的安全威胁。例如上海合作组织在维护地区安全上发挥了重要作用。上海合作组织已走过17年不平凡的发展历程，取得了许多重大成就，其中最为显著的成就之一，就是建立不结盟、不对抗、不针对第三方的建设性伙伴关系。正如习近平主席所说，"这是国际关系理论和实践的重大创新，开创了区域合作新模式，为地区和平与发展作出了新贡献。"[①] 生态上，坚持人与自然和谐共生共存的理念，实现世界的可持续发展。人类生活在同一个地球，要尊重自然、顺应自然、保护自然，让人人享有绿水青山，努力建设一个低碳环保、山清水秀、清洁美丽的世界。我们要落实联合国2030年可持续发展议程、气候变化《巴黎协定》，保护地球这一人类共同的家园。

总之，推动构建人类命运共同体，就是世界各国都要参与全球治理，提升国际社会的公平正义。构建人类命运共同体是一个宏大的目标，现实的选择，任重而道远。人类命运共同体思想鼓励不同发展阶段、不同历史文化背景的国家走符合自身国情的发展道路，让命运掌握在各国人民自己手中。构建人类命运共同体是建设一个更加美好世界的必由之路，它要把各个民族、各个国家的前途命运紧紧联系在一起，把世界各国人民对美好生活的向往变成现实。人类生活在同一个地球村，各国利益交融，兴衰相伴，安危与共，是利益共同体、责任共同体、命运共同体；要和平、合作，不要战争、对抗，只有共商、共建、共享人类命运共同体，人类才有美好未来。

---

① 习近平："弘扬上海精神 构建人类命运共同体"，载《人民日报》2018年6月10日。

在2022年冬奥会和冬残奥会上,我们要继续传承北京奥运会和残奥会"同一个世界、同一个梦想"的理念和宗旨,实践人类命运共同体的理念。中国不仅是一个具有五千年历史与文明的东方古国,还是一个经过40年改革开放,充满现代气息、活力与激情四射的现代中国,更是一个具有博大胸怀、海纳百川,对未来发展有强大影响力的国家。而"和谐"作为中华民族生生不息的价值观,正是向世界诠释中华文明中人自身的身心和谐,人与人、人与社会、人与自然和谐的境界,展示以"和谐""和为贵""和而不同""和合共生"为代表的中国传统文化在今天跨文化传播时代背景下的意义与价值。通过举办一届和谐的冬奥会和冬残奥会,展示全球各民族文化文明多样性,以文化沟通超越文化隔阂、文化和谐共处代替文化偏见和冲突。目前世界并不太平,政治冲突、文化冲突、民族宗教冲突时有发生,要通过冬奥会和冬残奥会聚焦全世界的目光,引导全世界人民与奥运健儿共同享受冬奥盛典,祈愿人类和平,促进人类文明进步。要传承北京奥运会"人文奥运"的理念和宗旨,在2022年冬奥会和冬残奥会筹办和举办期间加大对难民、难民运动员的关注,通过媒体的海量传播发挥辐射效应,给身处战乱和困境的人们带来希望、带来和平。难民问题关乎人类尊严和人类命运,现在世界上每五人中就有一个难民,即使身处困境,他们依然从未放弃对奥林匹克的追求,对人类和平的美好期望。我们共处一个世界，难民的命运牵动世界爱好和平的人们，愿体育能够化解冲突，把相互敌对的民族、国家团结起来，共同创造人类的美好前景。

后　　记

　　《奥林匹克运动与公民教育》终于将要付梓面世。本世纪初，笔者就开始研究奥林匹克教育与公民教育，亲身参与了2008年北京奥运会的奥林匹克教育活动，编著了《奥林匹克道德启示录》一书。北京奥运会和残奥会后，笔者一直在思考，如何将奥林匹克教育推进到公民教育层次，提升公民素质。经过多年研究终于成书。虽然不尽如人意，尤其对2022年冬奥会和冬残奥会研究不够深入，但意在抛砖引玉，期待2022年冬奥会和冬残奥会前后有更多研究成果问世。理论来源于实践，在实践中形成的奥林匹克教育与公民教育经验可以上升为理论，反过来指导实践，引领实践发展的方向，引导实践在广度和深度上拓展，同时可以凝结成2022年冬奥会和冬残奥会的遗产为世界分享、借鉴。

　　本书由班秀萍、郑树文执笔，课题组成员魏军、王芳参与了研究内容的讨论，贡献了智慧；课题组成员黄金葵参与了京津冀调研。特别邀请北京师范大学法律与政治研究所文晓灵老师参与写作。文老师是我研究生阶段就读北京师范大学法律与政治研究所的老师,我读研期间曾得到法律与政治研究所许多老师和同学的关照,度过了3年愉快的时光,与老师和同学们结下了深厚友谊,毕业近20年感怀于心。非常幸运与文老师合作,应文老师要求,不作为著者,只在后记中提及,特别感谢文老师参与写作。

《奥林匹克运动与公民教育》是我与同事郑树文的二度合作,相近的专业,对奥林匹克教育与公民教育的热忱,促使我们在2006年编著《奥林匹克道德启示录》的基础上,再度合作本书,期望我们的努力为全社会提高公民意识和公民素质,提升社会文明程度,为2022年冬奥会和冬残奥会的成功举办尽微薄之力。感谢我校的阎守扶教授,从书名的确定到目录的斟酌笔者多次请教,感谢我校奥林匹克专家裴东光教授、茹秀英教授的帮助,也感谢北京体育大学邹新娴教授、北京师范大学高嵘教授的提点。

虽然书稿完成,但研究仍将继续,关于2022年冬奥会和冬残奥会的奥林匹克教育和公民教育仍在进行中,我们会持续关注。人生有限,学海无涯,奥林匹克精神永存,是为后记。

班秀萍

2019年6月